Ismael Leandry-Vega

El capitalismo salvaje y la esclavitud sin cadenas

Editorial Espacio Creativo
Charleston, SC

Publisher: Editorial Espacio Creativo
Charleston, SC
ISBN-13: 978-1522894322   ISBN-10: 1522894322
Derechos de propiedad: Ismael Leandry-Vega
Imagen en portada: © nuvolanevicata - Fotolia.com
Copyright: © 2016 Ismael Leandry-Vega
Standard Copyright License - Reservados todos los derechos. El contenido de esta obra está protegido por Ley, que establece penas de prisión y/o multas, además de las correspondientes indemnizaciones por daños y perjuicios, para quienes reprodujeren, plagiaren, distribuyeren o comunicaren públicamente, en todo o en parte, una obra literaria, artística fijada en cualquier tipo de soporte o comunicada a través de cualquier medio, sin la preceptiva autorización.

«Pese a que los devotos del capitalismo nos lo presentan con maquillajes liberales, democráticos, progresistas [...], el capitalismo, hasta en sus etapas y matices más suaves, lleva en sí mismo su vocación de abuso.»
Mario Benedetti

«La esclavitud nunca ha sido abolida. Adopta formas distintas según las circunstancias.»
Manuel Vicent

«Se está diluyendo conscientemente a la clase media, para que solo existan dos clases: la alta y la baja, la de los poderosos y la de los trabajadores.»
Juan Ramón Salinas Bueno

«Los ricos que concentran el poder, tanto económico como político, pueden darse una vida a cuerpo de rey, abusando, permanentemente, de sus esclavos, cuyos salarios y trato cada día están más degradados.»
Rafael Luis Gumucio Rivas (El Viejo)

«El actual sistema económico mundial convierte a las personas en esclavos endeudados por unos pocos que tienen mucho.»
Alejandro Jodorowsky

«El capitalismo destruye las condiciones de vida en el planeta y conduce a la destrucción del hombre por el hombre.»
Ouest Nanterre & Pierre Dardot

Datos para catalogación:

Ismael Leandry-Vega. (2016).
El capitalismo salvaje y la esclavitud sin cadenas
Editorial Espacio Creativo, Charleston, SC
- ☞ Capitalismo
- ☞ Capitalismo salvaje
- ☞ Clases sociales
- ☞ Cuasi democracia
- ☞ Leyes – negocios
- ☞ Lucha de clases
- ☞ Neoliberalismo
- ☞ Plutocracia
- ☞ Pobreza

Tabla de contenido

Capítulo uno
Capitalismo financiero..5

Capitulo dos
El capitalismo sí funciona...21

Capitulo tres
El capitalismo salvaje es perverso.............................53

Capítulo cuatro
Capitalismo y trampas..79

Capítulo cinco
Incompatibilidad entre democracia y capitalismo........91

Referencias..105

Capítulo uno
Capitalismo financiero

I. El capitalismo financiero tiene el control

§ 1

En la actualidad –y será de esa manera por mucho tiempo–, el capitalismo dominante es el capitalismo financiero. Digo eso ya que, como muestran los enormes y lustrosos palacios de los gerifaltes del poder financiero, «el motor del capitalismo moderno es la finanza, no la industria. La industria fue el motor del viejo capitalismo.»[i] Ahora bien, eso no significa que los billetes y el poder de la industria hayan desaparecido. Lo que ha ocurrido es que el poder financiero, que se ha convertido en el mandamás mundial: (a) administra los billetes de la industria; y (b) asesora a los ricos y poderosos capitalistas de la industria.

§ 2

Los gerifaltes del poder financiero, que les prestan billetes a los Gobiernos ineficaces y corruptos, son los administradores –a nivel mundial– del capitalismo salvaje y moderno. A eso se le suma el hecho de que, el gran poder financiero se ha convertido en un poder que está por encima de los poderes públicos.[ii] Debido a eso, ningún país que le deba mucho dinero a los gerifaltes del capitalismo financiero puede detener los planes de esos ricos mandamases.[iii]

§ 3

El capitalismo financiero tiene un asunto muy positivo. Ese positivo asunto consiste en que, por medio de enormes edificios y por medio de donaciones millonarias a campañas políticas, le deja saber a la humanidad que los mandamases dentro de este egoísta mundo son los altos ejecutivos de las multinacionales más ricas y, sobre todo, los altos ejecutivos del poder financiero internacional.

A eso se le suma el hecho de que el capitalismo financiero, que ha roto la ilusión de la democracia (ahora, todos vemos que vivimos en una plutocracia[iv]), le ha enseñado a todo el mundo que el único propósito de la raza humana consiste en trabajar duro para enriquecer a los dueños de las multinacionales y a los altos ejecutivos del poder financiero.

§ 4

El capitalismo, especialmente el capitalismo financiero, «ha conseguido el fin del Estado como herramienta a la hora de producir mejoras públicas y sociales entre la ciudadanía.»[v] Digo eso ya que la principal tarea de todo Estado endeudado es, nos guste o no, conseguir billetes para entregárselos a los gerifaltes del capitalismo financiero.

Lo más espeluznante sobre ese asunto es que los altos funcionarios públicos, para poder cumplir con las órdenes y con los deseos de los altos representantes del capitalismo financiero, están haciendo recortes en áreas relacionadas con la salud, la educación y la investigación científica.

Por todo lo dicho se puede sostener que todo Estado que le deba enormes cantidades de dinero al gran poder financiero, que se ha convertido en el máximo representante del capitalismo, únicamente puede producir mejoras públicas y sociales para la ciudadanía si, después de pagarle al poder financiero –y después de pagar la enorme nómina gubernamental–, le sobra dinero.

Pero como a los Estados endeudados no les sobran billetes, al extremo de que se pasan pidiéndole dinero al poder financiero, se sostiene lo que escribí en el primer párrafo de este pensamiento.

§ 5

Hay asuntos que son partes indispensables en todo sistema capitalista. Es decir, sin esos asuntos no puede existir un sistema capitalista. Así, por ejemplo, todo sistema capitalista (tanto el capitalismo puro como el capitalismo regulado) tiene la asombrosa capacidad de convertir, por medio de la publicidad, «lo absurdo en fetiche consumible.»[vi] También se sabe que todo sistema capitalista, aunque esté regulado, provoca que la riqueza termine en pocas manos.

Y no se puede olvidar que los embustes y los sofisticados esquemas fraudulentos, gústenos o no, son partes indispensables dentro del capitalismo.

Por eso es disparatado decir: (1) que puede existir un capitalismo libre de embusteros, de corruptos y de bancos deshonestos; y (2) que el capitalismo fomenta la honestidad.

Ahora tengo que decir que, desde que el capitalismo cayó bajo el control y el dominio del poder financiero –que desde ese momento el capitalismo pasó a llamarse capitalismo financiero– los embustes, las trampas y los esquemas fraudulentos del capitalismo han alcanzado dimensiones titánicas y sorprendentes.

Así, por ejemplo, bancos, firmas financieras, cooperativas, multinacionales y fondos de cobertura se han especializado en la creación de unos sofisticados y millonarios fraudes que, además de destrozar vidas y sueños, destrizan economías, ahorros y calidad de vida.

Y lo más sorprendente es que, con regularidad, varios de los máximos representantes del capitalismo financiero se ponen de acuerdo para, en detrimento de una enorme porción de la humanidad, crear y poner en marcha sus sofisticados y fraudulentos esquemas.

Cabe señalar que, casi siempre, los esquemas fraudulentos de los capitalistas financieros pasan desapercibidos. Es decir, ni los Gobiernos ni la explotable raza humana se percatan de la existencia de dichos esquemas. Ahora bien, en ocasiones hay investigadores y expertos que descubren dichos esquemas. Sin embargo, casi siempre no ocurre nada.

Eso no le debe sorprender a nadie, puesto que los millonarios capitalistas del poder financiero tienen los billetes para, por medio de ofertas de empleo, sobornos y donativos, mantener en secreto todo lo ocurrido. En otras palabras, las grandes multinacionales que operan en estos días tienen enormes recursos para (aunque en ocasiones no funciona) mantener en secreto sus malas acciones y, sobre todo, para silenciar a las personas que –aunque sean empleados públicos– descubran sus malas acciones.

Eso, que es un asunto que realmente hace hervir la sangre, tampoco le debe causar sorpresa. No olvide que las poderosas multinacionales financieras, en estos tiempos de capitalismo salvaje, «son demasiado grandes, demasiado ricas y demasiado poderosas. Y para muchos gobiernos nacionales resulta casi imposible imponer control sobre esas inmensas firmas.»[vii]

Tampoco puede olvidar que en estos tiempos, en los que los Gobiernos (municipales y estatales) se pasan pidiéndole dinero a los ricos gerifaltes del poder financiero, es normal que los departamentos gubernamentales que tienen la tarea de regular e investigar las acciones de las poderosas multinacionales terminen «controlados» por las propias multinacionales «que deben regular.»[viii]

Dicho eso, debe notar que indiqué que los esquemas fraudulentos de los capitalistas financieros casi siempre pasan desapercibidos. Pues bien, dije eso ya que –como usted sabe– hay ocasiones en las que los fraudes son tan llamativos y costosos que no existen formas adecuadas para esconderlos. Ahora bien, cuando eso ocurre no pasa gran cosa. Por lo regular, los Gobiernos: (1) imponen unas millonarias multas; y (2) permiten que los gerifaltes de las multinacionales envueltas en las investigaciones sigan ganando sus bonos millonarios y sus millonarios salarios.

Explicado lo anterior, es momento de plasmar varios ejemplos. El primer ejemplo proviene desde las oficinas centrales de JP Morgan. Todo el mundo sabe que en esas lustrosas y lujosas oficinas, se han creado unos efectivos fraudes que han permitido que muchos altos ejecutivos de esa poderosa corporación hayan ganado muchísimos billetes.[ix]

También es de conocimiento general que, en algunas ocasiones, los fraudes y los embustes de los ejecutivos de JP Morgan han sido descubiertos y castigados. De hecho, todos recordamos que el Departamento de Justicia de los Estados Unidos de América, allá por 2013, le impuso a JP Morgan una multa de «13.000 millones de dólares (9.606 millones de euros).»[x]

Cabe mencionar que se le impuso esa multa a JP Morgan por motivo de que, de manera intencional, varios de sus altos ejecutivos permitieron que sus empleados participaran en el destructivo y millonario fraude de las hipotecas basura. Además, la investigación reveló que ejecutivos de JP Morgan, siguiendo instrucciones, manifestaban (y estoy seguro de que lo siguen haciendo) embustes financieros al momento de asesorar a sus clientes.[xi]

Otro ejemplo que demuestra que el fraude, el embuste, la manipulación y la corrupción son asuntos indispensables dentro del capitalismo financiero, proviene desde las oficinas centrales del Bank of America. Digo eso ya que altos ejecutivos de ese banco, acostumbrados a las trampas, ganaron muchos billetes por medio de un dañino esquema que estaba relacionado con «la comercialización y la venta de activos financieros respaldados por hipotecas basura.»[xii]

Cabe mencionar que el Departamento de Justicia de los Estados Unidos de América, por esas malas acciones «financieras», le impuso a dicho corrupto y tramposo banco una multa de dieciséis mil quinientos millones de dólares.[xiii]

Otro ejemplo, que afortunadamente me ayuda a sostener la tesis de que la honestidad no es parte del capitalismo, proviene desde las oficinas de Citigroup, un poderoso y tramposo grupo financiero que tiene su lujosa sede en la ciudad de Nueva York. Debo señalar que utilizo a Citigroup como ejemplo ya que, dentro de la mencionada sede, se diseñó una lucrativa e inmoral trampa financiera basada en la venta de hipotecas tóxicas.

Dicha porquería financiera fue muy exitosa hasta que la economía de los Estados Unidos de América, a comienzos del siglo XXI, colapsó dramáticamente, al extremo de que cayó en depresión económica. Cuando el Departamento de Justicia de EUA investigó las razones del colapso encontró, entre otras estafas financieras, la trampa financiera utilizada por los avaros e hipócritas ejecutivos de Citigroup. Como resultado de eso, le impuso al mencionado grupo financiero una multa de siete mil millones de dólares.[xiv]

Ahora tenemos que pasar a las oficinas centrales del banco Wells Fargo. Digo eso ya que esa compañía de servicios financieros, que es una defensora del capitalismo salvaje, tiene un largo historial de acciones ilegales, antiéticas y fraudulentas. Así, por ejemplo, se sabe que dicho banco tuvo que pagar una multa de seis millones de dólares por motivo de que, a sabiendas de sus altos ejecutivos, diseñó y vendió «productos de inversión ligados a valores respaldados por hipotecas sin (...) desvelar los riesgos a los inversores en el periodo comprendido entre enero y agosto de 2007.»[xv]

Y no se puede pasar por alto que Wells Fargo, allá por 2012, tuvo que pagar una multa de ciento setenta y cinco millones de dólares por motivo de que, utilizando tácticas del capitalismo salvaje, diseñó un esquema para ganar mucho dinero por medio de actos discriminatorios en contra de latinos y afroamericanos.

El esquema diseñado y utilizado por Wells Fargo consistía en cobrarles, por el simple color de la piel, intereses más altos a clientes latinos y afroamericanos que solicitaban y posteriormente conseguían préstamos hipotecarios. Cabe mencionar que el esquema utilizado por Wells Fargo, que no tomaba en cuenta el historial de crédito de los solicitantes ni la verdadera capacidad de pago de los solicitantes, terminó causando enormes daños a nivel nacional.

Digo eso ya que la investigación reveló que las víctimas, debido a los elevados y manipulados intereses, «llegaron a pagar (...) decenas de miles de dólares y fueron víctimas de penalizaciones, vieron empeorar su historial de crédito y algunas se vieron empujadas a la bancarrota o perdieron sus viviendas.»[xvi]

§ 6

El capitalismo es imparable y, como he dicho, ha demostrado que es permanente. Además, el capitalismo tiene la asombrosa capacidad de aglutinar a la gente inteligente y astuta. Debido a todo eso, hemos visto que el capitalismo logró que vivamos dentro de un mundo gobernado por multinacionales y por gerifaltes del poder financiero.

§ 7

Vivimos en un tiempo de fuertes cambios, y muchas personas no se percatan de ello o, debido a la educación recibida, no lo pueden notar con claridad. Entre los cambios más fuertes está el asunto de que, gústenos o no, la idea común que se tiene del Estado ha dejado de existir. Digo eso ya que actualmente, aunque este asunto comenzó en el siglo XX, el Estado –aunque tenga soldados y bombas nucleares– tiene la obligación de cumplir con los planes e instrucciones que brinden los gerifaltes del capitalismo financiero.[xvii]

Y eso tiene que ser así ya que los Estados, debido a que están fuertemente endeudados, dependen de los billetes que controlan y administran las más poderosas instituciones (firmas, grupos, bancos, fondos de cobertura, etcétera) financieras. De hecho, ya es normal que presidentes, gobernadores, primeros ministros y ministros de Hacienda tengan la obligación de ñangotarse ante los capitalistas financieros para, entre otros asuntos, pedir dinero, condonaciones de deuda y reestructuraciones de deuda.

Debido a todo eso, y debido al hecho de que cada vez hay más países que pudieran colapsar si los capitalistas financieros toman la decisión de dejar de hacer negocios dentro de esos países, se puede decir que la humanidad ha visto la total «fusión del Estado y del poder corporativo.»[xviii]

§ 8

Sabemos que los altos ejecutivos de las empresas financieras más poderosas, han cumplido uno de sus mayores deseos. Por medio de su inteligencia, astucia y perseverancia, han logrado que el poder financiero –bancos centrales, bancos internacionales, fondos de cobertura, firmas de inversión, mercados, agencias de calificación de crédito, entre otras empresas financieras– se haya convertido en un poderoso gobernante internacional que, aunque esté detrás de las sillas de los reyes, de los gobernadores, de los presidentes y de los primeros ministros, decide el futuro de la inmensa mayoría de los pobladores de este pequeño planeta.

Debe tener en cuenta que sostengo que el poder financiero está detrás de los reyes, de las reinas y de los príncipes ya que, si vamos a Europa veremos que los países europeos que tienen un sistema monárquico tienen «gobiernos gobernados a manos de tecnócratas designados a dedo por *Goldman Sachs* y otras grandes empresas financieras que no han sido votadas por nadie.» [xix]

Otro asunto que no puede pasarse por alto es que, los inteligentísimos y astutos capitalistas han logrado debilitar de una manera tan sorprendente a los Gobiernos –y esto será así por muchísimo tiempo–, que los países que juegan a la democracia endeudada y capitalista son liderados por unos «débiles Gobiernos» [xx] que tienen la obligación de obedecer las instrucciones que impartan los tecnócratas desde los lustrosos edificios de los centros financieros más poderosos. Por eso se puede decir, quizás para molestia de los que nos atormentan los oídos con las estupideces del contrato social y de la soberanía nacional, que este siglo XXI se caracteriza por la «sumisión de los gobiernos ante las empresas.» [xxi]

Es importante aclarar que, cuando digo gobierno débil no estoy analizando el asunto de las fuerzas armadas. Aquí estoy hablando de asuntos que están relacionados con la economía y con la política. Un buen ejemplo sobre esto proviene desde los Estados Unidos de América. Allí, a pesar de que las fuerzas armadas son poderosísimas –al extremo de que tienen bombas nucleares, armas químicas, portaviones y submarinos–, la realidad demuestra que el gobierno federal es débil ante el poder financiero.

De hecho, el gobierno federal de los Estados Unidos de América es tan débil ante el poder financiero que: (1) está obligado a obedecer los planes económicos del poder financiero; y (2) no debe –debido a las enormes consecuencias– ordenar el cierre de las poderosas y financieras multinacionales que se pasan ejecutando acciones ilícitas, antiéticas, discriminatorias, inmorales y dañinas.

Es por eso que, demostrando debilidad ante el poder financiero, lo más que hace el gobierno de los Estados Unidos de América ante las malas acciones del poder financiero, es imponerles unas millonarias multas a los grupos financieros que ejecuten malas y antiéticas acciones. Eso se hace de esa manera: (a) para que los grupos financieros paguen las millonarias multas; (b) para evitar que los altos ejecutivos de los grupos financieros más poderosos terminen en la cárcel; y (c) para que los grupos financieros sigan diseñando y utilizando esquemas fraudulentos.

    Lo antes dicho tiene la finalidad de crear un círculo vicioso bajo el cual las malas acciones del poder financiero sean, al ser descubiertas, multadas. También se busca que los gerifaltes del capitalismo financiero, aunque paguen multas millonarias y aunque admitan la ejecución de malas acciones financieras que afecten a millones de personas: (a) sigan invirtiendo billetes dentro de la política; y (b) sigan dándole instrucciones sobre asuntos sociales, económicos y políticos a los vetustos, cansados, vagos y costosos políticos.

Capitulo dos
El capitalismo sí funciona

I. El capitalismo es bueno para el capitalista

§ 9

Siempre se ha dicho que todo ser humano nace sin un propósito de vida. Aunque eso es cierto, no se puede negar que el capitalismo salvaje se ha encargado de darle un propósito de vida a cada ser humano. Sobre eso comienzo diciendo que cada ser humano, desde que el capitalismo salvaje realizó lo antes escrito, nace: (a) para beneficiar a los altos ejecutivos del poder financiero; y (b) para beneficiar a los altos ejecutivos de las grandes empresas que venden bienes muebles.

Por eso se puede decir que los seres humanos (la inmensa mayoría) que llegan a la adultez, especialmente los humanos que viven en países en los se juega a la democracia capitalista y neoliberal, escogen una profesión o un oficio para, en primer lugar, beneficiar a los mencionados ejecutivos y, en segundo lugar, a los familiares y acólitos de los mencionados altos ejecutivos.

Debe haber notado que, escribí la inmensa mayoría de la raza humana. Escribí eso ya que hay millones de seres humanos que, mientras las hijas de los ricos capitalistas gastan enormes cantidades de billetes en cirugías plásticas y en cosméticos, su destino es sufrir y morir como consecuencia del hambre y de la indiferencia.

§ 10

Los ricos capitalistas que poseen las máquinas para producir bienes y para transportar bienes, al igual que los gerifaltes del poder financiero, son más inteligentes que la inmensa mayoría de los seres humanos. Esos inteligentes y fríos seres, mientras el ser humano común se entretenía con sus nimiedades familiares y sociales, trabajaron durísimo para que el capitalismo salvaje se convirtiera en un sistema sólido, permanente y mundial. Por eso es que ahora –y será de esa manera por largo tiempo–, debido a la victoria del capitalismo salvaje, las mercancías de los capitalistas de la industria «han pasado a ser los verdaderos dueños de la vida, los amos a los que los seres humanos sirven para asegurar la producción que enriquece a los propietarios de las máquinas y las industrias que fabrican aquellas mercancías.»[xxii]

§ 11
El capitalismo es un buen sistema para las clases ricas y dominantes, ya que el ensalzado capitalismo es un sistema bajo el cual «los que más tienen más ganan y los que menos tienen menos ganan.»[xxiii] Por eso no es extraño que las clases ricas y dominantes, que tienen el control de la inmensa mayoría de los *mass media,* se pasen defendiendo el capitalismo por doquier.

§ 12

Los ricos y poderosos capitalistas, no están interesados en saber sobre los dolores del mundo ni sobre las injusticias del mundo. Para esos ricachos lo más importante es obtener dinero como sea, aunque eso conlleve destruir empleos, pensiones, recursos naturales y derechos laborales. A eso se suma que los ricos capitalistas, si pueden obtener beneficios económicos, fomentan y toleran la humillación y la explotación de otros seres humanos.

En fin, todo esto viene a cuento ya que deseo recordarle que –cuando hable sobre capitalismo– toda discusión sobre capitalismo está incompleta si no se habla sobre la frialdad de los ricos capitalistas.

§ 13

Los capitalistas, especialmente los dueños de las máquinas, invierten en asuntos tecnológicos. Y realizan esas inversiones para, en perjuicio de los trabajadores, tratar de que se creen (o mejoren) inventos que les ayuden a ganar más billetes. Es triste tener que reconocer que, para perjuicio de los trabajadores y para beneficio de los creadores de los inventos, los capitalistas han tenido éxito en esos menesteres. Es por eso que, quiérase o no, cada año hay más puestos de trabajo que «desaparecen o se convierten en actividades reservadas a robots y a tecnologías que cometen menos errores y no necesitan ser remunerados.»[xxiv]

§ 14

Aunque el capitalismo salvaje tiene muchísimos defectos, creo que dicho sistema es el mejor que se acomoda a las características naturales del ser humano. Voy a explicar esto un poco más de cerca. Todo el mundo sabe que «el capitalismo se basa en el egoísmo, energía psíquica que propone la acumulación de riqueza...».[xxv]

También es de conocimiento general que el ser humano es, por naturaleza, egoísta y agresivo.[xxvi] Por consiguiente, se puede sostener que el capitalismo permite que el ser humano, ya sea de manera legal o de manera ilegal, pueda realizar acciones egoístas y agresivas con la finalidad de, repito, satisfacer su instinto egoísta. Inclusive, el capitalismo le permite al ser humano –mejor dicho, a ciertos capitalistas– poder sentir satisfacción al ver cómo aplasta (ya sean naturales o jurídicas) a otras personas.

§ 15

El capitalismo, que utiliza tácticas del neoliberalismo para destruir al Estado, es un sistema económico y social que ha penetrado en todos lados. De hecho, todos sabemos que el capitalismo ha penetrado en Rusia, en Vietnam y en China. Ahora bien, lo más fascinante del capitalismo es que tiene gran control sobre jueces, legisladores, gobernadores, presidentes, primeros ministros, ministros de Hacienda y alcaldes de ciudades ricas. Es por eso que, constantemente, vemos que los tribunales de última instancia toman decisiones: (1) que benefician y protegen al sistema capitalista; y (2) que permiten que capitalistas ricos y poderosos tengan muchísima influencia en asuntos relacionados con la política y con la administración pública.

Un buen ejemplo sobre lo indicado proviene desde la Corte Suprema de los Estados Unidos de América. Digo eso ya que los viejos jueces de dicha Corte, para dejar claro que los capitalistas millonarios y poderosos son los que seleccionan a los altos funcionarios públicos del gobierno federal, invalidaron «las limitaciones legales que prohibían a las corporaciones realizar gastos con fines electorales utilizando sus propios fondos.»[xxvii]

§ 16

El capitalismo tiene muchísimos asuntos que son negativos y perversos. Así, por ejemplo, es harto conocido que el sistema capitalista se «fundamenta en la explotación de la mano de obra.»[xxviii] Ahora bien, creo que si analizamos con profundidad lo que ocurre dentro del sistema capitalista notaremos que no podemos ser (al momento de criticar) muy duros con dicho sistema.

Digo eso ya que todos nosotros, aunque seamos pobres trabajadores, realizamos acciones egoístas. Además, todos nosotros –por medio de los medios disponibles– tratamos de imponer nuestra voluntad. Es por eso que, por ejemplo, dentro de los hogares de los ciudadanos de a pie son normales y constantes las discusiones y los incidentes de violencia doméstica.

También creo, debido a nuestro egoísmo y a nuestro deseo de imponer nuestra voluntad, que si tuviéramos el dinero y las conexiones sociales y políticas que tienen los ricos capitalistas de hoy, también nosotros trataríamos de imponer, como hacen los multimillonarios capitalistas de hoy, nuestras ideas y nuestros gustos por doquier.

Igualmente creo, debido a lo antes dicho, que tampoco podemos ser muy duros al criticar a los ricos capitalistas que están en la cúspide de la economía. Digo eso ya que esos fondeados individuos, al igual que los ciudadanos de a pie, incurren en acciones egoístas. Ahora bien, la gran diferencia es que los ricos capitalistas tienen los billetes, las conexiones políticas y las conexiones militares para imponer, como parte del egoísmo natural, su voluntad a gran escala.

§ 17

Constantemente criticamos a los capitalistas ricos y poderosos. Así, por ejemplo, los acusamos de ser indiferentes, egoístas y codiciosos. Además, los criticamos durísimo cuando incurren en acciones ilegales o antiéticas con la finalidad de obtener más poder y más billetes.

Sin embargo, la realidad y la historia demuestran que nosotros, los insignificantes ciudadanos de a pie, no tenemos la altura moral para criticar demasiado duro a los capitalistas más indiferentes.

Nosotros, la gente común y corriente, también incurrimos en acciones egoístas y delictivas con la finalidad de obtener dinero. Así, por ejemplo, la historia está llena de casos en los que podemos ver a ciudadanos de a pie, en nombre del dinero, matándose unos a otros por asuntos relacionados con herencias, terrenos y casas.

Además, todos sabemos que la libre competencia está en las duras y peligrosas calles. Debido a eso vemos que los narcotraficantes se matan unos a otros por razón de que, al igual que los indiferentes y ricos capitalistas que destruyen pequeños comercios con sus megatiendas, desean más billetes y más poder.

§ 18

En este planeta, en donde la figura del intelectual está en «extinción»,[xxix] cada ser humano tiene «un concepto diferente del capitalismo y de sus implicaciones económicas, políticas y éticas.»[xxx] Así, por ejemplo, para muchísimos millonarios –que pueden comer buenos alimentos y que pueden enviar a sus hijos y nietos a las mejores universidades– el capitalismo funciona a la perfección. De hecho, muchos millonarios sostienen que el capitalismo salvaje demostró su eficacia, en pleno siglo XXI, durante la gran crisis económica mundial. Puesto que, mientras los pobres eran desahuciados de sus hogares, el capitalismo permitió que muchísimos capitalistas ricos y egoístas aumentaran significativamente sus riquezas durante la indicada crisis económica.[xxxi]

Sin embargo para la inmensa mayoría de los ciudadanos de a pie, especialmente para los que siguen siendo pobres a pesar de haber estudiado y a pesar de trabajar duro, el capitalismo es una porquería que, «además de generar desigualdad y ser ecológicamente insostenible, resulta intrínsecamente inestable e ineficiente.»[xxxii]

Ahora bien, después de plasmar esos dos puntos de vista es momento de contestar la siguiente pregunta: ¿Quién tiene la razón? Creo, después de sacar del análisis las sensiblerías y las babosadas de la solidaridad, que los capitalistas ricos y millonarios están en lo correcto. Es decir, el capitalismo funciona a la perfección.

Digo eso ya que, en primer lugar, el capitalismo siempre ha sido un sistema que ha puesto el lucro de los capitalistas sobre el bienestar de «los seres humanos.»[xxxiii]

Es por eso que, dentro del capitalismo puro no caben palabras como las siguientes: solidaridad, justicia económica para el trabajador, etc. Inclusive, el capitalismo puro no está interesado en el respeto a la vida del trabajador. Para el capitalismo puro: (a) todo trabajador es remplazable; y (b) el trabajador no es más que una máquina de hueso y carne que debe ser explotado y, cuando no pueda producir, descartado.

En segundo lugar, no se puede olvidar que la finalidad del capitalismo nunca ha estado relacionada con una distribución equitativa de la riqueza. Desde que el capitalismo apareció, su finalidad ha sido (y siempre será) «la creación de riqueza para el capitalista.»[xxxiv] Es por eso que se puede sostener que el capitalismo ha funcionado aunque, por ejemplo, los cien capitalistas más ricos, durante un año, obtengan todas las ganancias del mundo.

Otro dato que demuestra que los capitalistas que sostienen que el capitalismo sí funciona están en lo correcto, es el que demuestra que los ricos y poderosos capitalistas, por medio de sus medios de comunicación y por medio de sus expertos en publicidad y propaganda, han adormecido –por no decir destruido– la capacidad de razonamiento profundo de millones de seres humanos. Debido a eso millones son los seres humanos que, por haber caído en las garras del consumismo y de la trivialidad, únicamente están atentos al último bochinche en Facebook, al último gatito saltarín de Facebook, «a la última moda y al fetiche más intrascendente.»[xxxv]

§ 19

Cuando se habla sobre la sobrepoblación humana, casi siempre se une a ese tema el asunto del hambre. Así, por ejemplo, abundan los análisis que sostienen que, a pesar de que hay alimentos suficientes para cada ser humano, no existe (ni existirá) la voluntad para alimentar a cada ser humano. Ahora bien, debido a la revolución tecnológica creo que es momento de ligar el asunto de la sobrepoblación humana con los siguientes asuntos: desempleo, subempleo, falta de empleo y, sobre todo, capitalismo salvaje.

Al hacerse lo anterior, sale a relucir otra razón por la que es necesario que la rapaz e insignificante raza humana deje de reproducirse de manera irresponsable. Esa razón está basada en el hecho de que, debido a la enorme cantidad de seres humanos y debido a la revolución tecnológica, el mundo no podrá generar empleos suficientes.

De hecho, un profundo análisis nos demuestra que la aplicación de la tecnología en los escenarios laborales será, en el futuro cercano y en el futuro lejano, cada vez mayor. Hasta hay estudios que sostienen que los avances tecnológicos, incluidos los «robots móviles» equipados con inteligencia artificial, harán «probable que ocupaciones que en la actualidad emplean a casi la mitad de los trabajadores estadounidenses (...) puedan automatizarse en el transcurso de las próximas dos décadas.»[xxxvi]

Lo dicho, además de demostrar que el valor y la necesidad de cada ser humano se hacen menores en la medida en que mejora la tecnología, demuestra que empresas y gobiernos necesitarán menos seres humanos para poder realizar muchas de las tareas que, actualmente, se realizan con manos humanas.

Lo dicho también demuestra que en el futuro, debido a la sobrepoblación y debido al mejoramiento de la tecnología, existirán millones de seres humanos que, aunque estén bien educados y bien motivados, no podrán conseguir ni empleos chatarra. De hecho, en el futuro la competencia laboral será tan dura que, tristemente, hasta conseguir un empleo a tiempo parcial en un restaurante de comida rápida será una dificultosa tarea.[xxxvii]

Dicho eso, sé que algunos pensarán que lo dicho es una exageración. Pues bien, les digo a esas personas, en primer lugar, que los libros de historia y los libros de sociología demuestran que «a medida que la ciencia y la técnica progresan, la marea de desocupados se extiende en el mapa laboral como una mancha de oprobio.»[xxxviii]

También les digo a las mencionadas personas, si es que desean evidencias actuales, que le echen un vistazo a las ideas que están relacionadas con el capitalismo salvaje y financiero. Ese capitalismo, que invierte (y seguirá invirtiendo) en empresas tecnológicas, se caracteriza por fomentar la utilización de la tecnología y, además, «se caracteriza por ofrecer cada vez menos empleo, al menos, para la mano de obra no cualificada.»[xxxix]

Además, no se puede negar que el capitalismo salvaje, que actualmente sostiene que el neoliberalismo es bueno para debilitar a ese Estado populachero que le regala billetes a los explotables pobres, sostiene: (a) que es bueno que los ricos capitalistas –por medio de la utilización de la tecnología y por medio de condiciones laborales pésimas– se hagan más ricos; y (b) que los pobres y explotables ciudadanos de a pie vivan «al límite de la sobrevivencia.»[xl]

Tengo que decir, por último, que debido al hecho de que he hablado sobre la sobrepoblación de monos humanos, entiendo que no puedo cerrar este pensamiento sin mencionar la magnitud de dicho problema. Sobre eso menciono que, actualmente, hay siete mil millones de monos humanos. También menciono que, debido al egoísmo humano y debido a la irracionalidad humana, se espera que unos «9.500 millones» de monos humanos estén, durante el año 2050, cagando, contaminando y destruyendo el planeta.[xii]

§ 20

El capitalismo, además de ser un sistema económico, es un formidable medio de control social. Digo eso ya que la poderosa maquinaria del capitalismo les enseña a los seres humanos, desde que son pequeños niños, que lo más importante dentro de todo país capitalista: (1) es que todos los ciudadanos se comporten como una manada; y (2) que tener dinero –debido a que el dinero permite comprar bienes, pagar servicios y comprar políticos– es lo más importante. Una vez aprendido eso, el ciudadano de a pie se somete a un extenuante patrón de vida: (a) que le deja con poco tiempo libre; y (b) que causa que llegue a su hogar extenuado y deseando el descanso.

Dicho eso, no se puede pasar por alto que en estos tiempos en los que nadie tiene tiempo, gracias al neoliberalismo, la existencia del ciudadano a pie se ha convertido en un asunto arduo. Al extremo de que no es raro que el ciudadano de a pie, mientras los hijos y los nietos de los multimillonarios disfrutan de enormes cantidades de tiempo libre, tenga que sacrificar su libertad y sus energías: (1) en múltiples trabajos; o (2) trabajando muchísimas horas extras.

Por eso se puede sostener que una de las grandes victorias del neoliberalismo salvaje, y tenga en cuenta que han sido muchísimas las victorias que ha logrado el capitalismo por medio del neoliberalismo, ha sido la de haber convertido al ciudadano de a pie en un agotado y oprimido trabajador que, además de terminar beneficiando a los dueños de las grandes empresas (empresas como, por ejemplo, Nestlé y Walmart) y a los hijos y nietos de los altos ejecutivos de las grandes empresas, «se explota a sí mismo en su propia empresa.»[xlii]

La idea detrás de todo eso sostiene que por medio de la propia explotación, que es la forma para conseguir billetes, para poder sobrevivir y para poder estar insertado en la sociedad, los ciudadanos de a pie (por lo menos la mayoría) se mantendrán tranquilos y se someterán, aunque sean injustas, a las leyes y a los reglamentos redactados por los amigos de los ricos capitalistas.

Además, no se puede pasar por alto que el capitalismo salvaje desea que la mayoría de los jóvenes, por ser los jóvenes los que tienen las energías para protestar y para ejecutar actos violentos en contra del abusivo y explotador sistema capitalista, tengan unos estilos de vida que estén sumamente cargados. En otras palabras, el capitalismo salvaje no desea que los jóvenes –la mayoría– tengan mucho tiempo libre entre sus manos. Y tenga en cuenta que escribí mayoría ya que los ricos capitalistas, no ven con malos ojos que una enorme porción de la juventud esté desempleada, deprimida, derrotada y dispuesta a trabajar por salarios de hambre.

§ 21

El capitalismo salvaje, gústenos o no, ha creado un hermano mayor –*el big brother*– que es privado y electrónico. Digo eso por razón de que las grandes empresas que tienen presencia en la red de Internet, como Facebook y Amazon, tienen los recursos necesarios para crear informes detallados sobre la personalidad de un internauta. No olvide que esas ricas empresas, que tienen los billetes necesarios para contratar a los mejores expertos en el área de las ciencias de la computación, tienen los recursos para saber –por ejemplo– qué páginas de Internet suele observar un usuario, qué productos compra y observa un usuario, qué música escucha un usuario y qué contactos tiene un usuario.[xliii]

También sabemos que algunas empresas privadas tienen los conocimientos y las herramientas tecnológicas para saber qué información almacenamos dentro de nuestras computadoras personales. Es decir, esas empresas pueden ingresar al disco duro de mi computadora personal.

Es preocupante saber, que lo único que detiene a esas empresas son las leyes y las decisiones judiciales que están relacionadas con la privacidad. Y digo que eso es preocupante por motivo de que, en estos días que vivimos, la violación de las leyes por parte de corporaciones privadas, corporaciones públicas, ciudadanos de a pie y por el propio Estado es constante y enorme.

Lo dicho, indudablemente, es preocupante. Sin embargo, tengo que decir que también es preocupante saber que los datos personales que recopilan las empresas privadas por medio de sus páginas de Internet y por medio de sus aplicaciones, pueden ser vendidas con suma facilidad. Eso significa que cualquier empresa privada, debido a ese capitalismo salvaje que establece que todo puede ser puesto a la venta –y debido a que cada año hay más mineros de datos electrónicos trabajando en empresas privadas–, puede comprarle a otra empresa todos los datos electrónicos que dicha empresa tenga de una persona en específico.[xliv]

Y lo más espeluznante sobre ese asunto, sin contar que el Gobierno puede comprarle y solicitarle (gratuitamente) datos electrónicos a las empresas privadas, es que la empresa compradora de datos electrónicos puede, por medio de la minería de datos, crear un detallado y electrónico archivo sobre una persona en particular.

Quiero concluir señalando que si a todo lo antes discutido se le añade el hecho de que muchísimos Gobiernos tienen los recursos económicos, humanos y tecnológicos para archivar las acciones que la gente ejecuta cuando está en línea, se puede sostener que la situación actual luce bastante preocupante. Pues, repito, eso significa que ahora tenemos dos hermanos mayores. Es decir, tenemos un hermano mayor que trabaja en la empresa privada y un hermano mayor que trabaja en el Gobierno.

§ 22

El capitalismo, en especial ese capitalismo financiero que utiliza tácticas del neoliberalismo para debilitar al Estado, «domina en todo el mundo sin cortapisas.»[xlv] Debido a eso uno puede ver que el mundo, actualmente, se encuentra en una batalla económica mundial. Es decir, casi todos los países hacen todo lo posible para, con el interés de perjudicar a otros países y con el interés de obtener enormes ganancias económicas, producir bienes baratos y ofrecer servicios baratos.

A lo dicho se le suma el hecho de que, el mundo también está en lucha para conseguir científicos e inventores de primera calidad. Ello, para tratar de producir inventos y productos (incluyendo medicinas y vacunas) que puedan venderse de manera masiva.

Por eso es que detrás de las palabras que manifiestan los gobernantes y los políticos sobre la importancia de la tecnología y de la investigación científica, lo que existe es un interés relacionado con –por así decirlo– el capitalismo científico y tecnológico.

§ 23

Es necesario reconocer que el sistema capitalista «se ha esparcido a casi todo el mundo.»[xlvi] También es necesario reconocer, aunque no lo quieran reconocer los vasallos de los ricos capitalistas, que el capitalismo funciona a la perfección; y de todos los asuntos que funcionan a la perfección en el capitalismo, la poderosa y eficiente maquinaria de la distracción y del embrutecimiento masivo –los espectáculos, la publicidad y el consumismo– es una de ellas.

El hecho de que millones de seres humanos, aunque estén rodeados de pobreza, traten de combatir su insignificancia y su aburrimiento por medio de espectáculos populares, centros comerciales, compra de nuevas fruslerías, «marcas comerciales e ideas preelaboradas por los *mass media»,* demuestra que lo dicho es cierto.[xlvii] Ahora bien, como sé que hay personas que necesitarán más información voy a examinar esto un poco más de cerca.

Los ricos y poderosos capitalistas, por medio de la publicidad y por medio de los aparatos electrónicos con acceso a la red de Internet, han logrado que billones de monos humanos – incluyendo monos humanos con grados doctorales– no les presten atención (o no puedan descubrir) a los asuntos negativos que están relacionados con el capitalismo salvaje. Y lo más sorprendente es que los ricos y poderosos capitalistas, por medio de sus expertos en publicidad y en manipulación humana, han logrado que un asunto dañino y perverso que está relacionado con el capitalismo se haya convertido: (a) en una conducta ampliamente aceptada; y (b) en una conducta ampliamente deseada.

¿De qué estoy hablando? Estoy hablando del consumismo. Debo mencionar que sostengo que el consumismo es malo por razón de que, a pesar de que es buenísimo para las cuentas de banco de los ricos capitalistas que poseen las máquinas contaminantes que masivamente producen los bienes deseados por los patéticos consumistas, está destrozando y contaminando nuestro planeta.[xlviii]

También se sabe que el consumismo: (a) tiene la asombrosa capacidad de embrutecer a la gente; y (b) desenfoca al ser humano de asuntos que son intelectualmente interesantes. Es por eso que, a nivel mundial, vemos que el masivo embrutecimiento causado por el consumismo –y la publicidad– ha provocado que millones de monos humanos se pasen «gastando» dinero en bienes que no necesitan.[xlix]

Y tenga en cuenta que dentro de ese enorme grupo de embrutecidos hay intelectuales, doctores, universitarios, maestros y supuestas luminarias del pensamiento que, después de haber realizado fuertes críticas en contra del capitalismo y del consumismo, «no pueden vivir sin sus muebles de diseño, sus coches de lujo y sus *smartphones*.»[i]

Por eso estoy de acuerdo con el maestro Mario Benedetti, quien, qué duda cabe, era un genio, cuando dice que «la globalización de la frivolidad no sólo abarca a consumidores y consumidos, sino también a políticos e intelectuales.»[ii]

Dicho eso, ahora tengo que decir que todos y todas tenemos que felicitar a los capitalistas y a sus expertos en publicidad y en manipulación humana. Esas personas, por medio de la inteligencia, han convertido un asunto dañino (el consumismo) en un asunto deseado y aceptado. Y tenga en cuenta que, cuando digo que el consumismo es una aberrante conducta que es deseada y aceptada estoy incluyendo el hecho de que los consumistas (que son la mayoría) critican a las personas: (a) que critican y rechazan la conducta consumista; y (b) que se apartan del materialismo.

También merecen aplausos las mismas personas por motivo de que, utilizando todo lo que se puede utilizar, han creado un sofisticado y adecuado sistema de entretenimiento global para alejar a la humanidad de asuntos trascendentales.

Así, por ejemplo, actualmente la gente puede alejarse de la dura realidad por medio de casinos, conciertos, bailes, tabernas, estadios deportivos, equipos deportivos, videojuegos, revistas del corazón, prensa amarilla, televisión chatarra, cine chatarra, pornografía, Facebook y Twitter.

En fin, la lista de las formas y maneras que existen para que la gente se entretenga es enorme. Por eso no es exagerado decir que, en estos días que vivimos, «el primer lugar en la tabla de valores vigente lo ocupa el entretenimiento, y (...) divertirse, escapar del aburrimiento, es la pasión universal.»[iii]

Dicho eso, es necesario discutir la razón por la que los ricos y poderosos capitalistas desean mantenernos alejados de asuntos importantes por medio del entretenimiento chatarra. Comienzo diciendo que el deseo de obtener ganancias por medio del entretenimiento, no puede entrar en el análisis. Los capitalistas que proporcionan bienes y servicios relacionados con el entretenimiento chatarra, obviamente, desean billetes. Y los ricos capitalistas del sector financiero que invierten en empresas y en asuntos relacionados con el entretenimiento, lo único que desean son muchas «ganancias» por medio de sus inversiones.[liii]

La principal razón por la que los capitalistas y sus expertos en manipulación humana desean embrutecernos y alejarnos de asuntos importantes, es que desean que no analicemos con profundidad y seriedad lo que ocurre dentro del sistema capitalista. Recuerde que el sistema capitalista, cuando uno toma distancia y lo mira con perspectiva, tiene un sinnúmero de asuntos negativos. Así, por ejemplo, se sabe que «el sistema capitalista, y su versión neoliberal, está construido sobre la base de la felicidad de unos pocos y de la desgracia de las mayorías.»[liv]

También debe recordar que el sistema capitalista, especialmente su versión neoliberal, tiene unos asuntos tan patéticos y perversos que, cuando uno se percata de ellos uno no puede más que sentir náuseas, mareos y sentimientos de culpa, especialmente cuando se sabe que uno ha cooperado con la explotación humana, con la contaminación ambiental, con la destrucción ambiental y, sobre todo, con las matanzas y mutilaciones relacionadas con la expansión del capitalismo por medio de la violencia armada.

Es necesario entender que todo ese entretenimiento chatarra que está disponible por doquier, incluyendo el entretenimiento chatarra que está disponible en la red de Internet, no es más que una sofisticada estrategia para minimizar la posibilidad de que, pensando en los niños que fabrican tu ropa en las fábricas de los países asiáticos y pensando en los millones de actos violentos (entre ellos asesinatos) que se cometieron en los países mahometanos para obtener petróleo a fin de que pudieras encender tus aparatos electrónicos, «te hagas preguntas esenciales» sobre el sistema capitalista, especialmente preguntas esenciales sobre su satánica versión neoliberal.[iv]

Recuerda que los ricos capitalistas, al igual que sus expertos en manipulación humana, saben que existe una débil teoría que sostiene que si la mayoría de la humanidad, por medio de evidencias claras y convincentes que se muestren de manera diaria, comienza a poner en duda las supuestas bondades del capitalismo y los supuestos beneficios del sistema capitalista, es posible que millones de personas: (a) se alejen del consumismo; y (b) les exijan a los políticos que aprueben leyes y reglamentos para que los capitalistas sean adecuadamente castigados cada vez que cometan violaciones a los derechos humanos.[v]

Dicho eso, debo aclarar que escribí que la mencionada teoría es débil por razón de que los capitalistas y sus expertos en publicidad, debido al hecho de que llevan muchísimos años ofuscando a la raza humana por medio de la publicidad –y debido al hecho de que la publicidad y el entretenimiento están por doquier (hasta hay entretenimientos con publicidad que están disponibles 24/7)–, han logrado que el embrutecimiento de la mayoría de la raza humana sea permanente. Debido a eso, creo que los ricos capitalistas y sus acólitos no deben temer que sus explotables vasallos (todos nosotros) comiencen a cuestionar con seriedad los daños que causa el capitalismo salvaje y neoliberal.

De hecho, es lamentable tener que reconocer que los capitalistas y sus expertos han hecho un trabajo tan ejemplar que, en estos días que vivimos, la conducta consumista, el gusto por el entretenimiento chatarra y el desinterés por aprender sobre los asuntos perversos que están relacionados con el capitalismo, quiérase o no, se transmiten de generación a generación.

Debido al hecho de que los capitalistas saben que las cabezas de tarro no tienen el tiempo, el interés ni los datos para seriamente analizar y criticar los asuntos negativos que están relacionados con el sistema capitalista, no es raro que muchos capitalistas –a pesar de nunca bajar la guardia– no sientan preocupación por las cabezas de tarro. Ahora bien, los capitalistas y sus expertos saben que las personas educadas, especialmente las personas que han hecho investigaciones, tesis y tesinas, tienen algunas herramientas educativas e intelectuales para, en caso de que busquen información sobre las malas acciones que se ejecutan y se producen por culpa del capitalismo salvaje, criticar severamente el sistema capitalista.

Para embrutecer y adormecer a esas personas, que algunas de ellas imparten clases en instituciones de educación superior, los capitalistas y sus expertos han creado un sistema de embrutecimiento masivo llamado –por así decirlo– sistema de entretenimiento inteligente y de publicidad inteligente. Por medio de ese sistema se le hace creer a las personas educadas que si compran, utilizan o consumen ciertos bienes y ciertos servicios: (a) podrán ser más inteligentes; (b) podrán demostrales a otras personas que son más inteligentes; (c) podrán aumentar sus niveles de respetabilidad social; y (d) podrán aumentar sus conocimientos.

Por eso es que, llenitos de publicidad capitalista, abundan los canales de televisión que discuten asuntos que están relacionados con las ciencias (ciencia natural y ciencia social), con la historia y con las nuevas tecnologías. También abundan las pastillas, los videojuegos, las batidas y los libros de «autoayuda» para, supuestamente, aumentar la inteligencia.

Es importante mencionar que, entre los bienes y servicios que los sabios capitalistas han creado para mantener entretenida a la gente que está un poco más informada que la gente común, no suelen haber bienes y servicios que discutan con profundidad y seriedad los sucios trapos que están relacionados con el capitalismo, especialmente con la versión financiera. Eso demuestra que, ni los tarugos ni los educados suelen ser –ni diariamente ni intencionalmente– expuestos a informaciones que pongan en duda: (a) las supuestas bondades del sistema capitalistas; (b) el comportamiento consumista y materialista; y (c) la supuesta movilidad social por medio del trabajo duro y responsable.

De hecho, es rarísimo ver en History Channel, en Discovery Channel, en CNN, en Science Channel, entre otros similares canales de televisión, algunos de esos espléndidos datos que nos muestran que, en países occidentales, por culpa del capitalismo salvaje estamos viendo: (1) que se está eliminando «la clase media»; (2) que está aumentando «de forma alarmante el paro»; y (3) que el «estado de bienestar» se está convirtiendo en una pieza de museo.[vii]

Tampoco uno puede ver, ni en programas de televisión, ni en la publicidad ni en las tiendas en línea que venden libros y materiales educativos, advertencias que estén basadas en esa enseñanza filosófica que, magistralmente, nos enseña que «cuanta menos sustancia tiene alguien, mayor es su necesidad de reafirmarse a través del consumo.»[viii]

Aunque siempre hay casos excepcionales, como los documentales y los libros que describen los asuntos negativos que están relacionados con el capitalismo y con el neoliberalismo, la realidad enseña que es mínima la discusión –en los principales medios de comunicación– sobre los aspectos negativos que están relacionados con el capitalismo, con el consumismo y con el neoliberalismo.

Ahora bien, lo dicho no le debe causar sorpresa a nadie. Los capitalistas y sus defensores, que auspician la destrucción ambiental y que desean que existan países que permitan la explotación de seres humanos, descubrieron que «la mejor protección para el capitalismo pasa por negarlo como sistema, por no discutirlo y por ocultar la composición del poder real.»[lix]

§ 24

El capitalismo –y todos sus componentes– es tan eficaz que uno puede ver que moralistas, filósofos, periodistas, tarugos, feministas y críticos sociales tienen una política de doble rasero. Voy a explicar esto un poco más de cerca.

Hoy día, es normal que una persona que haya realizado ciertas manifestaciones públicas (sexistas, racistas o elitistas) sea criticada y boicoteada. También es normal que los sensibleros realicen acciones para que la persona criticada o boicoteada, por haber realizado ciertas manifestaciones públicas e indeseables, sea despedida de su empleo.[ix] Sin embargo, esos mismos sensibleros y paladines de la moral son indiferentes cuando saben que uno o varios de sus productos favoritos son fabricados por empleados que son explotados y humillados. Como resultado de eso es normal que los sensibleros y paladines de la moral, debido a que han sido embrutecidos por el consumismo y por la publicidad, sigan comprando sus productos favoritos.

Voy a plasmar un ejemplo para que lo escrito se entienda de una mejor manera. Si una persona famosa y rica –si lo hace una persona pobre y desconocida nadie le hace caso– dice públicamente que las mujeres sólo sirven para follar y para parir hijos, no sería nada extraño que muchísimas personas critiquen tales expresiones. De hecho, estoy seguro de que cientos de miles de mujeres plasmarían su descontento en los medios sociales y, sobre todo, en artículos de periódicos y en artículos de revistas.

Sin embargo, muchísimas de esas sensibleras y paladinas de la moral –después de pedir un boicot o después de criticar a la persona que realizó las anteriores manifestaciones– agarran sus carteras y van a los centros comerciales a comprar bienes que están relacionados con las siguientes marcas: Nike,

Zara, Gap y Adidas. El problema con eso es que, en nombre del capitalismo salvaje, es harto conocido que las empresas que producen los mencionados bienes de marca aprueban la explotación laboral y la humillación laboral.[lxi]

Dicho eso, creo que a nadie le debe sorprender lo antes mencionado. Ello, en primer lugar, por razón de que el ser humano, además de murmurador, es indiferente ante el sufrimiento ajeno. A eso se suma que, como se sabe, la indiferencia alcanza niveles altísimos cuando el ser humano ha sido embrutecido por medio de «la ilusión por lo insignificante.»[lxii]

Y entre los asuntos que pertenecen a la ilusión por lo insignificante, está la cuestión de comprar ropa de lujo. Recuerde que el ser humano, que ha sido embrutecido hasta el punto de llegar a creer que existen seres sobrenaturales, sabe que es insignificante y apestoso, y debido a eso trata se sentirse «único», «auténtico», especial y «distinto a los demás» por medio de los bienes lujo.[lxiii]

Tampoco debe causar sorpresa todo lo antes dicho ya que el mono humano, por naturaleza, es hipócrita. Ahora bien, en estos tiempos en los que los tarugos utilizan los medios sociales para escribir sandeces la hipocresía ha alcanzado dimensiones espectaculares (así, por ejemplo, ahora vemos que asesinos y narcotraficantes tienen espacio en los medios de comunicación para criticar a los Gobiernos; también vemos que muchos comerciantes que venden bienes muebles que han sido fabricados por empleados explotados y humillados se han convertido en modelos sociales) y sorprendentes.

De hecho, la hipocresía no sólo está presente en nosotros (yo reconozco que soy hipócrita y también reconozco que me importa un cuerno la raza humana), los ciudadanos de a pie. Digo eso ya que la hipocresía se ha convertido en un «flagelo internacional que afecta a Gobiernos, cancillerías, politólogos, buena parte de los *mass media* y hasta a algunos filósofos e ideólogos del oportunismo.»[lxiv]

Capitulo tres
El capitalismo salvaje es perverso

I. El capitalismo aplasta, destruye y contamina

§ 25

No se puede pensar que el capitalismo sea meramente un sistema económico. El capitalismo, en la realidad monda y lironda, «es un sistema que engloba la vida económica, social y política del país.»[lxv] El gran problema con ello es que, muchos de los principios del capitalismo terminan penetrando dentro de todos los niveles socioeconómicos de la sociedad. Es por eso que, al igual que los capitalistas multimillonarios e indiferentes, el pequeño y pobre comerciante también muestra comportamientos egoístas e hipócritas.

Lo más lamentable sobre ese asunto es que, cuando el capitalismo penetra profundamente dentro de la sociedad uno puede ver que los ciudadanos de a pie, al igual que los ricos capitalistas, utilizan el dinero para medirlo todo. Es decir, los ciudadanos de a pie miden y valoran obras y seres humanos por medio del dinero. Es por eso que ahora, por ejemplo, para el ciudadano de a pie que está educado: (a) un libro es bueno solo si se venden muchas copias; y

(b) un artista es bueno si tiene muchos seguidores y gana muchísimo dinero.

§ 26

Todo el mundo sabe que el capitalismo salvaje (y sus defensores) «ha destruido, con programada eficacia, los espacios verdes que contribuyen a que la humanidad respire.»[lxvi] Ahora bien, lo más aterrador es que muchos de los espacios verdes que se han destruido fueron destruidos para construir grandes catedrales, hoy día llamadas centros comerciales, para adorar al «idiotizador» consumismo.

Dije que lo antes escrito es espeluznante ya que, en primer lugar, se apoya la destrucción de la naturaleza para que capitalistas ricos, por medio de empleos chatarra, ganen más billetes. También lo dicho es espeluznante por la sencilla razón de que los grandes centros comerciales, que siempre están llenos de personas que aborrecen la lectura de buenos libros de no ficción, son centros de embrutecimiento masivo.

Digo eso ya que en esos enormes centros comerciales, la gente aprende esa idiotez que sostiene que es necesario tener muchos bienes muebles –y si son de lujo mucho mejor– para ser alguien distinguido dentro de este insignificante planeta que, inevitablemente, será destrozado.

§ 27

Los defensores de la naturaleza, tanto los de sofá como los que salen a las calles, jamás podrán vencer al capitalismo salvaje y destructor. Es decir, los capitalistas –con y sin permisos– seguirán contaminando y destruyendo la naturaleza a fin de obtener más billetes.

§ 28

El capitalismo, cuando se une al destructivo neoliberalismo, busca hacer billetes con todo. Debido a eso, estamos viendo que hasta los asuntos que están relacionados con la salud han caído en las garras del capitalismo salvaje. Y tenga en cuenta que, cuando hablo sobre la salud estoy incluyendo asuntos que están relacionados con investigaciones para encontrar tratamientos y medicinas que curen enfermedades. Digo eso ya que las grandes farmacéuticas, debido al salvaje capitalismo, suelen anteponen «sus beneficios económicos a la salud de las personas, deteniendo el avance científico en la cura de enfermedades porque curar no es rentable.»[lxvii]

§ 29

El capitalismo es «un enorme productor de desigualdad, pobreza y opresión.»[lxviii] Es por eso que muchos capitalistas salvajes, además de defender la idea de que los soldados deben ser utilizados para invadir y saquear países pobres, dicen que los Gobiernos deben ser duros e injustos con los pobres que reciben ayudas sociales por medio de los programas de vales para alimentos.

Para esos defensores del capitalismo salvaje: (a) los hambrientos deben ser esclavizados por medio de uno, dos o tres empleos chatarra; y (b) los vales para alimentos son perjudiciales para la economía.

También hay capitalistas salvajes que, además de utilizar sus recursos para impedir o minimizar que los Gobiernos persigan las fortunas que están depositadas en los paraísos fiscales, sostienen que los programas de vales para alimentos deben ser eliminados. Mientras que otros defensores del mencionado capitalismo, desean que los Gobiernos reduzcan significativamente las mencionadas ayudas.

Debo mencionar que detrás de las ideas de los mencionados capitalistas, está la tesis de que eliminando o reduciendo los beneficios de los programas de vales para alimentos los Gobiernos tendrían más billetes para pagarles a los tesoreros del poder financiero.

Dicho eso, tengo que decir que las indicadas propuestas son necias y peligrosas. Todo Gobierno que juegue a la democracia capitalista y neoliberal, como los Estados Unidos de América, tiene que tener programas de vales para alimentos. Esos programas, que pudieran ser mejorados, ayudan a mantener tranquila a una enorme porción de la población.

También tengo que decir, en el caso de los Estados Unidos de América y el Reino Unido, que entiendo que los requisitos para recibir vales para alimentos deben ser suavizados, para que trabajadores que ganen salarios de pobreza puedan recibir dichas ayudas.

Para obtener los billetes suficientes, se podrían realizar varias acciones. En primer lugar, no sería mala idea enmendar la constitución –si se enmienda la constitución se evita la alegación del discrimen contra los ricos– para establecer una cláusula que indique que los bienes de lujo estarán sujetos a un enorme impuesto especial. Tampoco sería mala idea, quitarle varios billones de dólares a la poderosa e intocable industria militar.

En fin, debe quedar claro que los programas de vales para alimentos deben ser protegidos y, debido a que cada vez hay más personas que son víctimas del subempleo, mejorados. También debe quedar claro que los mencionados programas, a pesar de sus defectos, han demostrado ser efectivos. Esto es tan cierto que el «programa de vales para alimentos», también conocido como cupones para alimentos, ha reducido «la miseria» y ha «sido positivo para el crecimiento económico de Estados Unidos.»[lxix]

§ 30

El capitalismo, que ahora le dicen por ahí el capitalismo salvaje, enseña que únicamente se puede alcanzar el éxito económico si se es frío, indiferente y egoísta. Por eso es que no existe, ni puede existir, un capitalismo amigable. Tampoco puede existir un capitalismo que tome en cuenta los intereses y las necesidades de las clases explotadas y explotables.

Por eso es que para el rico y poderoso capitalista, el éxito en sus gestiones se mide con cifras de dinero, no con vidas humanas destruidas. Además, el capitalista no está interesado en datos que estén relacionados con daños ambientales, contaminación ambiental o muerte de especies. El verdadero capitalista, únicamente está interesado en datos que le informen sobre los muchos billetes que ha ganado por medio de la destrucción ambiental. Por eso tiene razón el maestro José Saramago, premio Nobel de Literatura, cuando dice que «la frialdad del poder económico que opera con cifras y no con personas es apabullante.»[lxx]

§ 31

Para que la economía de un país capitalista crezca, es necesario que los ciudadanos incurran en acciones consumistas. El gran problema con el maldito consumismo es que, es una conducta sumamente destructiva. Sobre los daños que causa el consumismo, lo primero que salta a la vista es la destrucción ambiental. De hecho, por culpa de ese capitalismo salvaje que auspicia y defiende el comportamiento consumista, nuestro planeta Tierra se ha convertido en «un inmenso depósito de porquerías.»[lxxi] Y lo más peligroso es que a nivel mundial hay muchísimos depósitos de porquerías que, por culpa del desecho masivo de fruslerías electrónicas, se han convertido en lugares peligrosos en donde abundan los tóxicos perniciosos para la salud y para el medio ambiente.

§ 32

En los países capitalistas y neoliberales se dice que por medio de la educación, del trabajo duro y de las herramientas del sistema capitalista, se puede alcanzar un buen nivel de paz económica. Sin embargo, la realidad y los datos demuestran que lo antes dicho es –como nos han enseñado todos los jóvenes doctores que están subempleados y desempleados a pesar de tener una buena salud mental– un embuste.

Para empezar, se sabe que el ensalzado capitalismo «tiende hacia grandes niveles de desigualdad...».[lxxii] De hecho, el capitalismo salvaje ha provocado una desigualdad tan enorme que – mientras los pobres se hacen más pobres aunque realicen estudios doctorales en universidades acreditadas– «la riqueza de los más ricos ha crecido dos o tres veces más que el PIB global durante los últimos 20 o 30 años.»[lxxiii]

A lo dicho se le suma el hecho de que, en los países con una larga tradición capitalista, la movilidad social suele darse de manera descendente. Y eso ocurre, aunque las personas realicen estudios universitarios y aunque trabajen de manera responsable. Una prueba indiscutible de ello es un análisis realizado por el Dr. Joseph E. Stiglitz, premio Nobel de Economía y profesor de la Universidad Columbia en la ciudad de Nueva York. Según los resultados de ese análisis, «en Estados Unidos la movilidad ascendente es más un mito que una realidad, mientras que la movilidad descendente y la vulnerabilidad es una experiencia ampliamente compartida.»[lxxiv]

§ 33

Por todos lados se dice que el capitalismo es el mejor sistema. Por todos lados, además, se dice que el capitalismo mejora la calidad de vida. Sin embargo, un análisis profundo demuestra que el capitalismo no ha sido tan bueno como nos dijeron. Digo eso ya que el capitalismo, al unirse con el neoliberalismo, se convirtió en un capitalismo salvaje y destructivo. De hecho, gracias a ese capitalismo salvaje la destrucción ambiental aumenta, «la pobreza aumenta, los salarios bajan, lo público cede y lo privado se incrementa, las guerras se recrudecen, las desigualdades se disparan...».[lxxv]

§ 34

El capitalismo salvaje, tiene la capacidad de convertir a millones de seres humanos en individuos irresponsables, hipócritas e indiferentes. Digo eso ya que, por culpa de ese mencionado capitalismo, «un rasgo destacado del mundo actual es la irrelevancia de cualquier noción de preservación o conservación.»[lxxvi]

Es por eso que en este insignificante planeta, millones de personas –incluyendo personas que dicen que se preocupan por el medio ambiente– se pasan comprando y desechando bienes muebles de manera continua. El problema con ese tipo de conducta, que en estos tiempos es demostrativa de que tácitamente se auspicia el cambio climático y la contaminación ambiental, es que se desechan bienes muebles que, además de terminar en vertederos, están en buenas condiciones.

§ 35

Los defensores del capitalismo, sostienen que el capitalismo puede mejorar la calidad de vida de un país por medio de la creación de buenos empleos, es decir, por medio de empleos con salarios dignos y con razonables beneficios marginales.

Sin embargo, la realidad demuestra que lo antes dicho son puras patrañas. Digo eso ya que, en primer lugar, el indiferente y egoísta capitalismo, bajo el mando de los gerifaltes del poder financiero, desea y defiende «la eliminación de millones de puestos de trabajo en nombre de mayores ganancias para las empresas.»[lxxvii]

También se sabe que el capitalismo, en esta era globalizada, defiende la relocalización de empleos a países con leyes laborales inadecuadas e injustas. Todo ello para que los capitalistas negreros, con el conocimiento de la ineficiente Organización de la Naciones Unidas, puedan ganar más billetes por medio de la explotación laboral y, sobre todo, por medio de la contaminación ambiental.

§ 36

Uno de los asuntos más sorprendentes del capitalismo es que, se ha expandido por el mundo por medio de la violencia. Es decir, policías, militares, torturadores gubernamentales y asesinos gubernamentales hicieron todo lo posible para, por medio de sangre y terror, llevar el capitalismo a todos lados. El mejor ejemplo sobre eso está relacionado con América Latina. La historia demuestra que los regímenes militares, con el apoyo de los Estados Unidos de América, hicieron todo lo posible para que el capitalismo se convirtiera, por medio del terrorismo de Estado, en un asunto «intocable.»[lxxviii]

§ 37

Los defensores del capitalismo, en especial los fanáticos, dicen que el capitalismo salvaje es la mejor arma que existe en la actualidad para combatir la pobreza. Para sostener dicha tesis, los fanáticos del capitalismo sostienen que «China, India, Vietnam y varios países asiáticos vienen creciendo y reduciendo la pobreza a pasos agigantados desde que empezaron a apostarle al capitalismo en la década de 1980.»[lxxix]

Ahora bien, aunque es cierto que la economía de los mencionados países ha mejorado muchísimo por medio del capitalismo salvaje que permite la explotación laboral de seres humanos, incluyendo la explotación laboral de menores de edad, la realidad escondida por muchos medios de comunicación demuestra que el crecimiento económico de los mencionados países por medio del capitalismo se ha logrado por medio de sacrificios peligrosos, indignos, abusivos y letales.

Si vamos a China veremos que es cierto que la economía de ese viejo y poderoso país, por medio del capitalismo salvaje, ha crecido a pasos agigantados. Ahora bien, una mirada más profunda revela que dicho crecimiento se ha logrado por medio de una incontrolable contaminación ambiental que, entre otros daños, está enfermando y matando a la gente. De hecho, se sabe que más de quinientas mil personas mueren –todos los años– por culpa de la contaminación del aire. A eso se suma que cientos de miles de chinos, todos los años, reciben diagnósticos de cáncer, de dolencias coronarias y de derrames cerebrales por culpa de la contaminación ambiental, específicamente por culpa de unas partículas contaminantes «inferiores a 2,5 micras (PM 2,5).»[lxxx]

No está de más mencionar que esas pequeñas y contaminantes partículas, que son tan pequeñas que terminan en los pulmones de los contaminados chinos, «proceden de la quema de carbón en las plantas térmicas, que aportan el 70 por ciento de la electricidad que se consume en China, así como del humo de las fábricas y del tubo de escape de los coches.»[lxxxi]

Otro dato que se debe saber es que, el capitalismo salvaje y contaminante que opera en la China plutocrática provoca que muchísimas partes de ese viejo y poderoso país se conviertan, durante el invierno, en unos peligrosísimos lugares. Digo eso ya que la contaminación del aire durante el invierno, provocada por «las calderas de la calefacción que funcionan con carbón» y por el «humo de las fábricas e industrias pesadas», causa que las partículas inferiores a 2,5 micras (PM 2,5) alcancen, en muchas partes de China, «concentraciones de entre 568 y 631 microgramos por metro cúbico. Muy por encima de los 25 microgramos que la OMS considera ya nocivos para el cuerpo humano.»[lxxxii]

Saliendo de China, ahora pasamos a India. Según los defensores del capitalismo, como dije antes, la economía de India ha crecido gracias al capitalismo salvaje. Ahora bien, lo que no dicen los defensores del capitalismo es que, al igual que en China, India está sufriendo serias consecuencias por culpa del capitalismo salvaje. Así, por ejemplo, se sabe que la contaminación del aire es tan alta en India que, peligrosamente, le está reduciendo la expectativa de vida –unos tres años de vida– a unas seiscientas sesenta millones de personas.[lxxxiii]

Otro importante dato que debe ser conocido es que en India, en donde el capitalismo salvaje ha causado que el Gobierno no esté interesado en reducir la contaminación que está relacionada con «la gran cantidad de vehículos antiguos en las carreteras, la quema de biomasa, las emisiones de la industria y las centrales eléctricas que funcionan con carbón», está la ciudad con el aire más contaminado del mundo. Digo eso ya que la Organización Mundial de la Salud, que arrastró los pies durante la epidemia de Ébola, reveló en 2014 que «Nueva Delhi es la ciudad con la peor calidad de aire en el mundo.»[lxxxiv]

Ahora, después de hablar sobre India, vamos a la República Socialista de Vietnam. Todo el mundo sabe que Vietnam, después de luchar en contra de los Estados Unidos de América –EUA cometió genocidio en Vietnam durante la guerra ya que no había ninguna justificación para masacrar al pueblo vietnamita–, ha «abrazado sin reservas la economía de mercado.»[lxxxv] Pues bien, los defensores del capitalismo salvaje y contaminante, como dije, sostienen que la República Socialista de Vietnam ha crecido económicamente gracias a un capitalismo salvaje que está bajo el control de un gobierno comunista.

Pues bien, al igual que India y China, el crecimiento económico de Vietnam esconde muchísimos asuntos negativos. Para empezar, Vietnam favorece tanto el capitalismo que permite que las empresas, aunque sean multinacionales, contaminen con impunidad. De hecho, gracias a esa gran libertad para contaminar en nombre del libre mercado, Vietnam está «entre los 10 países con más contaminación del aire en el mundo.»[lxxxvi]

Otro dato que demuestra que el crecimiento económico de Vietnam por medio del capitalismo salvaje no es una noticia extraordinaria, es el hecho de que los empleados que trabajan para las multinacionales pueden ser tratados como basura. Digo eso ya que los ricos y poderosos capitalistas que dirigen multinacionales que hacen negocios en Vietnam, que han aprendido que el comunismo vietnamita tiene sus ventajas, se hacen cada día más ricos por medio de leyes y decisiones judiciales que permiten la existencia de «salarios muy bajos, de una legislación laboral dura y de la falta de libertades esenciales para la protesta.»[lxxxvii]

§ 38

Dicen los optimistas, que suelen ser personas tóxicas, que todo sistema económico: (a) debe ser justo, equitativo y honrado; (b) «debe estar al servicio del hombre»;[lxxxviii] y (c) debe beneficiar a la inmensa mayoría de los seres humanos.

Sin embargo, los realistas (que en ocasiones son llamados pesimistas) saben que la economía –actualmente el capitalismo es el sistema dominante a nivel mundial– está al servicio de unos pocos afortunados. Hasta el punto que el sistema económico dominante a nivel mundial, el ensalzado capitalismo, no puede brindarle buenas ganancias económicas (ni estilos de vida dignos) a la mayoría de los habitantes de este banal planeta.

De hecho, si uno le echa una mirada detallada al sistema capitalista se podrá notar que ese sistema, que favorece la destrucción de buenos empleos en países desarrollados para crear empleos chatarra en países que permiten la explotación laboral y la contaminación ambiental, está al servicio: (1) de los ricos capitalistas que son dueños de las máquinas que producen los bienes; (2) de los ricos y poderosos capitalistas que son dueños de las megatiendas que se especializan en destruir pequeños negocios; y (3) de los ricos y poderosos ejecutivos del poder financiero multinacional.

En fin, es incoherente decir que la economía está (o debe estar) al servicio de la humanidad. También es incorrecto creer que el capitalismo actual, que se especializa en aumentar la riqueza de los seres humanos más ricos,[lxxxix] sea un sistema que le brinde prosperidad a la humanidad.

Lo que se puede decir es que el capitalismo salvaje, que actualmente está unido al neoliberalismo, es un fracasado y destructivo sistema que se especializa en aumentar la contaminación, el subempleo, la desigualdad y los llantos del mundo.

Digo eso ya que un sistema económico que, como el capitalismo salvaje, «no puede brindar ganancias a la mayoría de sus ciudadanos y en el cual una proporción creciente de la población se enfrenta a una inseguridad cada vez mayor es, fundamentalmente, un sistema económico fracasado.»[xc]

§ 39

No quiero ser aguafiestas, pero creer que el capitalismo puede ser suavizado –hasta el punto de convertirlo en un sistema amigable para el medio ambiente– es una tontería que pertenece a los libros de ficción. Los capitalistas de la industria, ni apagarán sus máquinas contaminadoras ni dejarán de contaminar el medio ambiente. Añádase a eso que los capitalistas que favorecen la contaminación seguirán hablando con sus amigos en los tribunales y en las legislaturas para impedir, o por lo menos para dificultar lo más que se pueda, toda acción gubernamental que busque perjudicar significativamente sus intereses.[xci]

Además, los capitalistas de la industria y los capitalistas de las grandes tiendas multinacionales seguirán utilizando la publicidad para lograr que la humanidad: (1) siga comprando bienes que no necesita; (2) siga lanzando a los vertederos una enorme cantidad de bienes contaminantes; (3) auspicie la contaminación ambiental por medio del consumismo y del materialismo; y (4) auspicie la destrucción ambiental por medio del consumismo y del materialismo.

Tampoco se puede pasar por alto que muchos de los países contaminantes y fabricadores de bienes, como China y los Estados Unidos de América, seguirán contaminando y compitiendo desenfrenadamente para ocupar buenas posiciones en las listas oficiales que hacen los economistas y los capitalistas para determinar qué países tienen una buena economía.

Cabe recordar que los análisis, los modelos, los criterios, los datos y las fórmulas matemáticas que se utilizan para analizar el comportamiento económico de cada país, «están muy basados» en la venta bienes y «en el consumo de materiales.»[xcii]

Por eso vemos que muchísimos países, en aras de vender, producir y aumentar el crecimiento económico, han estado inmersos en una feroz e imparable competencia económica que –a pesar de los congresos y de los seminarios sobre las consecuencias que le espera a la raza humana por culpa de la contaminación ambiental y por culpa de la destrucción ambiental– no está seriamente interesada en asuntos ambientales.

De hecho, esa desenfrenada competencia económica a nivel mundial nos ha demostrado que los capitalistas más ricos y poderosos, por medio de sus lobistas y por medio de sus donaciones políticas –que realmente deberían llamarse inversiones políticas–, son los que escriben las políticas ambientales. También nos ha demostrado esa competencia que «la protección del clima y el capitalismo son mutuamente excluyentes.»[xciii]

En fin, los ecologistas y los tarugos que piensan que el capitalismo puede ser suavizado tienen que entender que sus luchas, a pesar de ser entretenidas y valientes, no pueden ni podrán detener a los capitalistas que necesitan fastidiar el medio ambiente: (a) para obtener billetes; y (b) para cooperar con el crecimiento económico de sus respectivos países. También tienen que entender las mismas personas que, por más que luchen, «el capitalismo nunca va a poder ser verde ni va a tener rostro humano.»[xciv]

Por su parte, los científicos que se pasan advirtiéndonos sobre las consecuencias que se avecinan (como el asunto del cambio climático y el asunto de la acidificación de los océanos) por culpa de la contaminación ambiental y por culpa de la destrucción ambiental tienen que entender que sus estudios y sugerencias, a pesar de contender datos valiosos, no impedirán que los capitalistas sigan contaminando; tampoco lograrán que los Gobiernos tomen medidas drásticas para proteger el ambiente por medio de acciones gubernamentales que perjudiquen significativamente los bolsillos de los millonarios capitalistas que adoran contaminar.

§ 40

El capitalismo salvaje «presenta caracteres atroces que es preciso una y otra vez denunciar.»[xcv] Así, por ejemplo, no se puede negar que el capitalismo destruye al pequeño comerciante, especialmente cuando las multinacionales construyen megatiendas dentro de un sector.[xcvi] Tampoco se puede pasar por alto que las megatiendas, para beneficio de sus altos ejecutivos, suelen sacar enormes cantidades de billetes de las zonas en las que operan. Así, por ejemplo, es conocido que las megatiendas que operan en la pequeña isla de Puerto Rico, como Walmart, envían las ganancias a varios bancos que están ubicados en los Estados Unidos continentales.[xcvii]

§ 41

Está demostrado que «cualquier cosa (...), como el medio ambiente, queda ahora indefensa ante los intereses del mercado divinizado, convertidos en regla absoluta.»[xcviii] También está demostrado que «la mayor causa del cambio climático es el capitalismo.»[xcix] Debido a eso, son abundantes las voces que critican a los capitalistas que son dueños de las contaminantes máquinas que producen las fruslerías y las baratijas que desea la rapaz, insignificante e inmunda raza humana.

Ahora bien, un análisis profundo demuestra que no se les pueden imputar todas las culpas posibles a los mencionados capitalistas. Ellos, obviamente, son capitalistas, y como capitalistas que son no están interesados en proteger el medio ambiente. Lo único que los capitalistas desean son billetes, privilegios y buenas inversiones.

Por eso creo que, los que cargan con el mayor peso de la culpa cuando hablamos sobre el cambio climático son los ciudadanos de a pie, en especial:

(a) los que han caído en las garras del consumismo; y (b) los que han caído en la conducta materialista. Recuerde que los ciudadanos de a pie, a pesar de toda la información que existe sobre los daños de la conducta consumista, desean que las máquinas de los capitalistas sigan encendidas y contaminando con la finalidad de que sigan produciendo baratijas y bienes (entre ellos los electrónicos) nuevos.

Se supone que el ciudadano de a pie, que la evolución le ha dado un cerebro para pensar con profundidad, rechace el comportamiento consumista. Además, se supone que todo ciudadano tome acciones para evitar ser embrutecido por culpa de los cuidadosamente elaborados embustes de la publicidad.

En fin, echarles todas las culpas a los ricos capitalistas que son dueños de las contaminadoras máquinas que producen los bienes que desean los ciudadanos de a pie es, por decir lo menos, una acción que demuestra simplicidad y poca profundidad a la hora de analizar la realidad.

§ 42

El capitalismo es un sólo sistema. Ahora bien, si le echamos una mirada profunda al capitalismo veremos que existe un capitalismo legal y un capitalismo ilegal. Y lo más curioso es que ambos sistemas, en muchísimos asuntos, operan de igual forma. Así, por ejemplo, el capitalismo legal permite y tolera que menores de edad sean expuestos a condiciones laborales duras y peligrosas.

Creo que todos los casos de niños trabajando en fábricas que están ubicadas en India, corroboran lo antes indicado. También me ayudan a confirmar lo antes indicado todos esos menores de edad que, en nombre del capitalismo salvaje que opera en los Estados Unidos de América, trabajan largas horas en las plantaciones de tabaco que están ubicadas en los estados de «Carolina del Norte, Kentucky, Tennessee y Virginia.»

En el caso del capitalismo ilegal también vemos que, en nombre de los billetes, se permite y se tolera la utilización de menores de edad. Así, por ejemplo, sabemos que muchos menores de edad venden drogas en las calles estadounidenses.

Siguiendo con este asunto es interesante notar que el capitalismo salvaje y legal, en nombre del libre mercado y en nombre del dinero, fomenta y protege la venta de armamento militar, especialmente la venta de armamento a países que están en conflicto o que están cerca de comenzar un conflicto armado. Todos esos casos en los que hemos visto a Estados Unidos de América vendiéndole armamentos militares a países en conflicto, es un claro ejemplo de lo indicado.

En el caso del capitalismo subterráneo, que es igual de salvaje que el capitalismo legal, vemos que se permite la venta de armas a menores de edad.

También vemos que se permite la venta de armas a personas con serias condiciones mentales. Y no se puede olvidar que, en nombre de los billetes, el capitalismo salvaje e ilegal permite la venta de drogas a menores de edad.

En fin, un análisis profundo sobre el capitalismo nos demuestra, a las claras, que «es inevitable que los males inherentes al capitalismo permeen todo el cuerpo social, todas las actividades humanas, en menor o en mayor grado.»[cii] Y el hecho de que traficantes (capitalismo ilegal) y empresarios (capitalismo legal) ejecuten acciones similares –como mostrar indiferencia y cometer faltas morales en aras de ganar dinero–, demuestra que los males del capitalismo están presentes en el mundo legal del comercio y en el bajo mundo.

§ 43

Para el capitalismo salvaje, los pobres (que son la inmensa mayoría de la población mundial) pueden ser explotados y fastidiados por los capitalistas. Además, el libro de instrucciones del capitalismo salvaje indica que los políticos de los países capitalistas y neoliberales tienen el deber de hacer todo lo posible para aprobar leyes, especialmente leyes que estén relacionadas con impuestos y con la eliminación de beneficios laborales, que beneficien a los ricos capitalistas –que son los dueños de las máquinas y que son los dueños de las instituciones financieras– y que perjudiquen a los pobres trabajadores.

Cabe señalar que la recomendación de favorecer a los ricos y fastidiar a los pobres, según los defensores del capitalismo salvaje, está basada en una errónea creencia que establece que si los ricos capitalistas son bien tratados, esos ricos capitalistas crearán más empleos de baja calidad para la esclavizada humanidad, y como resultado de eso (supuestamente) crecerá la economía.

Sostengo que la creencia de los defensores del capitalismo salvaje es una falsedad ya que, en primer lugar, está demostrado que «ser amable con los ricos y cruel con los pobres no es la clave del crecimiento económico.»[ciii] En segundo lugar, también sostengo lo anterior ya que el egoísmo y la indiferencia son componentes indispensables dentro de toda mente capitalista. Como resultado de eso uno sabe que los capitalistas: (a) solo crean puestos de trabajo cuando lo entienden necesario; y (b) están inclinados a utilizar equipos tecnológicos para eliminar puestos de trabajo.

§ 44

Está demostrado que el capitalismo es «ecológicamente insostenible.»[civ] También está demostrado que el enfermizo consumismo y que el capitalismo salvaje, están destrozando y contaminando nuestro planeta.[cv] Sin embargo, es sorprendente observar que a pesar de conocer todo lo antes mencionado: (a) continuamos ensalzando el capitalismo salvaje; y (b) seguimos contaminando nuestro pequeño planeta de manera peligrosa.

Cabe señalar que esa contaminación ambiental, que en parte es causada por esa frenética competencia mundial para ofrecer servicios baratos, seguirá ocurriendo.

Debido a eso, y debido al hecho de que los monos humanos tenemos la «propensión de matarnos unos a otros» y la propensión de destruir «nuestro ambiente»,[cvi] creo que las acciones de los ambientalistas son, aunque nobles, un enorme derroche de tiempo y de energías.

Los ricos y poderosos capitalistas de la industria, que son los dueños de las contaminantes y destructivas máquinas que destruyen el ambiente –y que desean ganar billetes por medio de la satisfacción de los perpetuos deseos humanos–, seguirán contaminando y destruyendo el ambiente a gran escala. No hay informes, por más dantescos que sean, que impidan o que significativamente minimicen la destrucción ambiental en nombre del capitalismo salvaje.

Eso es lamentable, sin embargo, más lamentable es saber que los ciudadanos de a pie (la inmensa mayoría) seguirán, tácitamente, auspiciando y deseando la contaminación ambiental y la destrucción ambiental. Y eso lo seguirán haciendo para, aunque digan que se preocupan por el ambiente, estar al último grito de la moda y para poder comprar, en sus tiendas favoritas, las baratijas y las fruslerías más modernas.

 Por todo lo antes discutido es que este banal y pequeño planeta, en donde «el mal siempre ha sido presente y es permanente»,[cvii] «parece cada vez más un inmenso depósito de porquería.»[cviii]

Capítulo cuatro
Capitalismo y trampas

I. El capitalismo permite las trampas

§ 45

Son muchas las referencias que hablan positivamente sobre el capitalismo. Algunas de esas referencias, seguramente auspiciadas por los ricos capitalistas, sostienen que el capitalismo es un extraordinario sistema ya que, aunque promueve el libre mercado y aunque desea poca intervención gubernamental, existen medidas legales, oficinas gubernamentales y agentes especiales que velan por el buen funcionamiento del sistema económico capitalista.

Sin embargo, la historia y los datos demuestran que el capitalismo opera con excesiva libertad, al extremo de que las malas, ilegales y abusivas acciones de los capitalistas no suelen ser detectadas ni castigadas. Y cuando las malas acciones son detectadas, suelen ser resueltas con unas multas que, aunque parecen costosas para el ciudadano de a pie, son bajas para los bolsillos de los gerifaltes del capitalismo.

Por eso sostengo que si se hace un profundo análisis sobre el capitalismo moderno, que está bajo la administración suprema del poder financiero, se podrá notar que el capitalismo salvaje, además de utilizar publicidad engañosa y propaganda manipuladora, está basado en trampas, embustes, sobornos, corrupción, «manipulación de precios, control especulativo de los productos básicos, (...) estadísticas oficiales manipuladas y falsificadas...».[cix]

    Para comprobar lo antes mencionado, nada mejor que pensar en esa rica y poderosa corporación multinacional llamada Walmart. Digo eso ya que varios ejecutivos de Walmart, para lograr penetrar dentro del mercado mexicano, utilizaron veinticuatro millones de dólares «para sobornar a funcionarios» públicos mexicanos. Cabe señalar que por medio de esas tácticas antiéticas, que son normales en el capitalismo salvaje de estos tiempos, se destrabaron «trámites, se obtenían permisos de construcción y se reducían las tarifas de impacto ambiental por la construcción de inmuebles.»[cx]

    Otra buena evidencia, está relacionada con una rica farmacéutica llamada *GlaxoSmithKline*. Digo eso ya que dicha corrupta empresa, que tiene su sede en un país capitalista llamado el Reino Unido, fue multada por el Gobierno de China durante el 2014. Por razón de que, en nombre del capitalismo salvaje, utilizó millones de billetes para «sobornar a funcionarios, asociaciones médicas, hospitales y médicos como parte de un ardid generalizado y diseñado para elevar los precios de los medicamentos.»[cxi]

Otro buen ejemplo, que demuestra que los sobornos y las malas acciones son parte del capitalismo salvaje, proviene desde Argentina. Allí, varios altos ejecutivos de la empresa norteamericana de indumentaria de lujo Ralph Lauren, sobornaron a varios empleados públicos para «acelerar los permisos aduaneros e introducir sus productos» en el mencionado país. Como consecuencia de eso el Departamento de Justicia de los Estados Unidos de América, mientras permitía la encarcelación masiva de seres humanos por delitos relacionados con el mero uso personal de drogas controladas, multó a la mencionada empresa por unos «1,6 millones de dólares.»[cxii]

§ 46

Todo el mundo sabe que la maldad –que incluye «la crueldad, el engaño, la envidia y la malevolencia de todo tipo»– es lo que distingue al animal humano del animal no humano.[cxiii] También es conocido que el capitalismo salvaje permite que empresarios, ejecutivos y gerentes ejecuten acciones –ilegales y legales– relacionadas con la natural maldad humana.

Entre las malvadas y crueles acciones que, con ánimo de lucro, se pasan ejecutando gerentes, empresarios y altos ejecutivos que hacen negocios en países capitalistas, está la de crear engaños con la finalidad de afectar los intereses de países pobres y subdesarrollados que no tienen los recursos estatales para adecuadamente combatir la criminalidad de cuello blanco. También está la dañina y antiética acción de pagar sobornos para, en detrimento de la libre y justa competencia –y en quebranto del principio de mérito–, obtener jugosos contratos.

Un buen ejemplo sobre lo dicho proviene desde el estado de Florida, EUA. Allí, varios altos ejecutivos de una empresa de trasporte marítimo llamada *Sea Star Line LLC*, perjudicando los intereses de los pobres ciudadanos que viven en Puerto Rico –y demostrando que el capitalismo fomenta que se ejecuten acciones malvadas–, se pusieron de acuerdo para ilegalmente «fijar precios en el transporte marítimo de carga dentro y fuera de la isla» de Puerto Rico.[cxiv] Cabe mencionar que el Departamento de Justicia de los Estados Unidos de América, impuso multas por catorce millones de dólares cuando descubrió la indicada depravación de cuello blanco y capitalista.

Otro ejemplo sobre lo que estoy discutiendo proviene desde las oficinas de una millonaria empresa llamada *Alstom*. Digo eso ya que esa empresa francesa, acostumbrada a ejecutar actos antiéticos e ilegales, fue multada por el Departamento de Justicia de los Estados Unidos de América por razón de que, en nombre del capitalismo salvaje, varios de sus altos y capitalistas ejecutivos sobornaron a varios empleados públicos de Indonesia y de Arabia Saudita. Cabe señalar que los indicados sobornos, que impidieron que empresarios locales pudieran competir en igualdad de condiciones, fueron parte de un ardid que se utilizó para obtener contratos millonarios.[cxv]

§ 47

El capitalismo puro y salvaje, que promueve la desigual competencia –y que desea que los Gobiernos se mantengan lo más lejos posible de las oficinas de los capitalistas y de los tecnócratas, permite: (1) la venta de productos contaminados; (2) la venta de productos dañinos para la salud; (3) la venta de productos engañosos; (4) la manipulación de datos; y (5) la falsificación de datos.

Claro ejemplo sobre lo indicado en el punto número tres, proviene desde los Estados Unidos de América. En todos los estados y territorios de EUA, para perjuicio de los bolsillos de los consumidores poco informados, se permite la venta de batidas, pastillas, mejunjes y cremas que no contengan las sustancias o ingredientes que indiquen las etiquetas.

A eso se suma que, en nombre del capitalismo salvaje y de la pseudociencia, en EUA se permite la venta de productos supuestamente milagrosos –pastillas para dizque bajar de peso, pastillas para supuestamente obtener más energía, pastillas para dizque mejorar la inteligencia, entre otros fraudes– que no sirven para lo que se indica en las etiquetas.[cxvi]

Otro ejemplo proviene desde el Reino Unido. Allí, donde se favorece la ideología capitalista y la ideología neoliberal, el Gobierno permitió –sin hacer pruebas de laboratorio– que la multinacional Coca-Cola vendiera agua embotellada de, supuestamente, alta calidad. Luego de un tiempo se descubrió, por medio de una investigación realizada por la «Agencia de Normas Alimentarias del Reino Unido», que esa supuesta agua de alta calidad tenía «un alto contenido de elementos cancerígenos.»[cxvii]

Otro ejemplo proviene desde los Estados Unidos de América. Allí, para perjuicio de la población y para beneficio de los capitalistas que venden arroz, se permite la venta de arroz que contenga un alto contenido de arsénico inorgánico. Cabe señalar que el arsénico inorgánico, que está presente en algunos pesticidas e insecticidas, «si se consume en niveles altos o durante un largo periodo puede causar cáncer» en la piel, en la vejiga, en el hígado, en la próstata, en los riñones o en los pulmones.[cxviii]

Plasmados los ejemplos, tengo que decir que todo lo antes discutido es (y debe ser) un asunto que debe ser comprendido por todos. Digo eso ya que, gústenos o no, la ideología del capitalismo puro establece que el capitalista: (a) debe poner el lucro personal por encima del mejor bienestar de los explotables seres humanos; y (b) no debe mostrar preocupación por la salud y los bolsillos de los seres humanos que compran sus productos.

Por eso es que el capitalismo puro permite y desea que el capitalista, de tener los billetes para ello, utilice lobistas y donaciones políticas para tratar de que se aprueben leyes: (a) que permitan la venta de alimentos, drogas y bienes muebles que sean dañinos para la salud; y (b) que permitan la venta de productos –como los suplementos vitamínicos y las hierbas dizque milagrosas que se venden por todos lados– que no cumplan con lo que sus vendedores sostienen en los anuncios y en las etiquetas de empaque.

A lo dicho se le suma el hecho de que la ideología capitalista, tanto la ideología del capitalismo puro como la ideología del capitalismo regulado, enseña que ningún capitalista debe mostrar preocupación –a menos que pueda recibir beneficios fiscales o beneficios publicitarios– por el hecho de que existan personas que derrochen dinero en la compra de bienes fraudulentos, «vivan en la pobreza, estén desempleadas, hayan dado con sus huesos en la calle, no tengan nada que llevarse a la boca o habiten en la mugre de los extrarradios del sistema.»[cxix]

Ahora bien, como vivimos bajo un sistema mundial de capitalismo casi puro se puede decir que lo único que reduce significativamente la ocurrencia masiva y descontrolada de situaciones como las mencionadas, son las regulaciones gubernamentales y las continuas inspecciones gubernamentales.

Debe tener en cuenta que escribí que únicamente se puede minimizar la cantidad de las mencionadas y engañosas acciones por razón de que los Gobiernos, incluyendo el Gobierno de los Estados Unidos de América, no tienen los recursos necesarios: (1) para evitar que los capitalistas ejecuten acciones como las indicadas; (2) ni para imponerles sanciones a todos los capitalistas que hayan incurrido en acciones como las indicadas.

Los Gobiernos tampoco tienen los recursos, a pesar de que los pudieran tener si les aumentaran los impuestos a los capitalistas y si mejoraran las regulaciones, para tener (a todas horas y en todas las facilidades) muchos inspectores y muchos químicos en las facilidades –como, por ejemplo, en farmacéuticas, en empresas que procesan alimentos y en empresas que crean suplementos vitamínicos y productos herbarios– que se utilizan para crear y procesar bienes consumibles.

Debido a lo explicado uno puede ver que, por lo regular, los Gobiernos intervienen con las empresas que cometen una o varias de las acciones antes señaladas una vez se radican muchísimas querellas; y lo más lamentable es que, en muchas ocasiones, las intervenciones gubernamentales ocurren después de que se reciben muchísimas querellas sobre seres humanos muertos o sobre muchos seres humanos que acabaron seriamente afectados por culpa de los engañosos productos.

Lo dicho en el anterior párrafo, me ha hecho recordar a los ricos e inescrupulosos capitalistas que dirigen los laboratorios farmacéuticos Abbott. Digo eso ya que los altos ejecutivos de esa farmacéutica permitieron, con la finalidad de ganar mucho dinero de manera fraudulenta, que se vendiera y comercializara un medicamento –llamado *Depakote*– para usos que no estaban autorizados. Además, altos ejecutivos de esa farmacéutica diseñaron un esquema bajo el cual se les regalaban billetes a los profesionales de la salud «para alentarlos a promover y prescribir dicho medicamento.»[cxx]

Lo más patético de ese caso fue que el gobierno de EUA, que se supone que regule y supervise cuidadosamente las operaciones de las farmacéuticas, intervino con la farmacéutica cuando recibió muchísimas querellas. Es justo señalar que, después de una investigación (motivada por las múltiples querellas) el Gobierno de los Estados Unidos de América le impuso a la indicada farmacéutica una multa de mil seiscientos millones de dólares.

§ 48

Sabemos que la tan ensalzada igualdad de oportunidades, especialmente en países capitalistas y plutocráticos en donde se juega a la democracia vigilada por agencias de inteligencia, «realmente no existe.»[cxxi] También sabemos que la igualdad dentro del sistema de justicia criminal, especialmente en los Estados Unidos de América, tampoco existe. Es por eso que, por ejemplo, si un ciudadano vende drogas de manera ilegal, no es raro que ese ciudadano –al ser sorprendido por los agentes del orden público– sea pateado, lanzado al suelo, arrestado y, luego de un juicio, arrojado a una pequeña celda. Aunque no se puede pasar por alto que –como le ocurrió a *Eric Garner*[cxxii]– el pobre que vende drogas para poder sobrevivir, siempre tiene que vivir con la posibilidad de perder su vida a manos de policías sin mucho coeficiente intelectual.

Ahora bien, si ejecutivos de alto nivel que trabajan en ricas y poderosas instituciones financieras trafican ilegalmente con hipotecas basura (o autorizan el tráfico ilegal de hipotecas basura), no suele pasar gran cosa. Tampoco pasa gran cosa cuando altos ejecutivos de bancos poderosos y ricos, son sorprendidos en la ejecución de malas, ilegales y antiéticas prácticas financieras.

Por lo regular, lo que ocurre es que los fiscales, investigadores y agentes del orden público que investigan las malas acciones de los ricos criminales de cuello blanco que trabajan en las altísimas esferas de las instituciones financieras más ricas y poderosas, tratan a los investigados con muchísimo respeto.

Después de culminadas las investigaciones, que pueden tomar años, lo que se hace es que cortésmente se le pide al más alto ejecutivo de la poderosa y rica institución financiera que pase por un edificio gubernamental para que, dentro de una sección creada para cortésmente atender a los criminales *V.I.P.* del gran poder financiero, pague una multa millonaria. Una vez pagada la millonaria multa, el alto ejecutivo y sus socios pueden seguir haciendo negocios como si nada hubiese ocurrido.

§ 49

Si un grupo de personas protesta ilegalmente en la zona de Wall Street, que es una zona en la ciudad de Nueva York que está llenita de criminales de cuello blanco, es altamente probable que las personas del mencionado grupo sean pateadas, macaneadas, lanzadas al suelo, arrestadas, encarceladas (en celdas policiales) y, posteriormente, multadas. Además, no sería extraño que los expedientes de antecedentes penales (tanto el estatal como el federal) de las mencionadas personas terminen manchados.[cxxiii]

En cambio, si varios altos y poderosísimos ejecutivos de varias ricas y poderosas instituciones financieras son sorprendidos cometiendo actos ilegales, inmorales y antiéticos, es altamente probable que esos altos y poderosos ejecutivos, que constantemente cenan con políticos, no sufran consecuencias. Lo más probable, como enseña la experiencia, es que las instituciones que dirigen – que algunas de ellas tienen más dinero que algunos países– sean multadas con multas millonarias. Además, es usual que los expedientes de antecedentes penales de dichos poderosos y altos ejecutivos se mantengan limpios.

Todo lo antes dicho viene a cuento ya que deseo decirle que en los Estados Unidos de América, y en muchísimos otros países, la maldita justicia tiene una política de doble rasero. Es decir, en todos los países existe una mano (justicia) larga y dura para los ciudadanos de a pie y una mano (justicia) suave y amistosa para los altos ejecutivos que son parte de las más altas esferas del capitalismo salvaje.

Capítulo cinco
Incompatibilidad entre democracia y capitalismo

I. **Capitalismo y plutocracia**

§ 50

Todo el mundo sabe, menos los tarugos que están atentos a los asuntos que están relacionados con la farándula y con la prensa del corazón y del bochinche, que el capitalismo genera «atroces desigualdades sociales.»[cxxiv] Y entre esas atroces desigualdades está el asunto de la desigual repartición de los billetes, de los beneficios y de las oportunidades. Es decir, el capitalismo permite que ciertas personas reciban enormes e injustos beneficios sin trabajar muy duro y, sobre todo, a costa de la salud de muchas personas.

Por eso vemos que los hijos, las amantes, las novias, las esposas, los amigos y las ayudantes de los capitalistas más ricos y poderosos, por el simple hecho de pertenecer a los círculos cercanos de los mencionados capitalistas, ganan muchísimos billetes a pesar de no trabajar tan duro como los policías, los bomberos, los maestros, los guardias penales y los científicos.

Ahora bien, ese asunto no debe causarle sorpresa a la persona que haya analizado con profundidad lo que ocurre dentro del capitalismo. Puesto que el capitalismo, especialmente la versión capitalista-neoliberal, siempre ha demostrado que suele convertir a los países que dicen ser democráticos en unas plutocracias en donde, como normal general, se tiran a la basura «los valores meritocráticos» que están en todas las teorías democráticas.[cxxv]

Dicho eso, tengo que decir que uno de los asuntos más sorprendentes que están relacionados con las desigualdades que crea y desea el capitalismo, es el asunto que está relacionado con el poder. Todo el mundo sabe que el capitalismo crea desigualdad económica y desigualdad a la hora de brindar oportunidades. Y esas dos desigualdades que crea el capitalismo, equivalen «a una distribución desigual de poder.»[cxxvi]

Por eso vemos que las altas esferas gubernamentales de los países capitalistas y plutocráticos, salvo raras y dichosas excepciones, están bajo el control de los ricos y poderosos capitalistas. Y por eso también vemos que las altas esferas gubernamentales de los países capitalistas, se especializan en atender las preocupaciones y las necesidades de los ricos capitalistas.

En fin, es sorprendente poder observar que los capitalistas ricos y poderosos: (a) tienen el control de los países capitalistas; y (b) utilizan sus interminables billetes y sus numerosas conexiones políticas para que legisladores y jueces protejan sus intereses.

Ahora bien, debo aclarar que lo dicho es sorprendente por razón de que ocurre en países supuestamente democráticos. A la gente se le dice que el sistema democrático: (1) es un sistema que favorece a la mayoría; y (2) es un sistema que toma en cuenta las necesidades de la mayoría de la población. Pero todo eso son embustes, puesto que la cuasi democracia moderna está hecha para beneficiar a los ricos y poderosos. Y si la mayoría de las acciones del Gobierno terminan beneficiando a los ricos y poderosos: (a) no se puede hablar de una democracia; y (b) se tendría que hablar de una plutocracia.

§51

El capitalismo, especialmente su versión neoliberal, convierte a los países en plutocracias. Además, el sistema capitalista –basado en el egoísmo, la trampa, la desigualdad, la indiferencia y la hipocresía– es totalmente incompatible con una verdadera democracia. Es por eso que, bien analizada, la historia demuestra que nunca ha existido un sistema verdaderamente democrático.

A todo esto hay que sumar, para darle carne a la tesis de que no existe una democracia, que nunca los seres humanos, «con toda su carga de malicia y de cinismo, de hipocresía y de avidez, de envidia y de mediocridad, pueden traer al mundo y a la tierra el impecable concepto de democracia...».[cxxvii]

Para sustentar lo antes dicho, podemos echarle una mirada al Reino Unido y a los Estados Unidos de América. En esas dos plutocracias disfrazadas de democracia uno puede ver, en primer lugar, que los ciudadanos viven bajo «un neoliberalismo salvaje generalizado» y bajo las órdenes de unos poderosísimos «mercados que tienden sus redes a escala planetaria.»[cxxviii]

También uno puede ver, en los mencionados países, que «los miembros de una familia que posee grandes riquezas tienden a manejar mucho poder político y a obtener privilegios (...).» Mientras que «los miembros de una familia pobre tienden a detentar muy poco poder político y a trabajar en ocupaciones de bajo estatus.»[cxxix]

Ahora bien, como no es adecuado dejarle saber rudamente a los explotados trabajadores que se creen libres que ellos y ellas viven en una plutocracia que beneficia a los ricos y poderosos capitalistas (en especial a los capitalistas financieros), el sistema plutocrático invierte muchísimos billetes para engañar a los explotables y descartables trabajadores. La finalidad es que los explotados ciudadanos de a pie que están al servicio de los ricos capitalistas y plutócratas, por medio de la publicidad y de la propaganda, crean que viven en una fabulosa democracia que pone en todo lo alto las necesidades y las libertades de los ciudadanos de a pie.

De todas las estrategias que utilizan los ricos capitalistas y neoliberales para disfrazar sus sistemas plutocráticos, las elecciones para seleccionar al presidente o al primer ministro es la mejor de todas. En las plutocracias desarrolladas, como Estados Unidos de América, Francia y el Reino Unido, los explotados ciudadanos creen que existen partidos políticos que hacen todo lo posible para que los ciudadanos de a pie, especialmente las chusmas, elijan libremente a los altos –presidentes o primeros ministros– administradores gubernamentales.

Sin embargo, la realidad demuestra que en esas plutocracias lo que existe es, gústenos o no, un partido político. Y ese partido, está dividido en facciones compuestas por multimillonarios. Y son esos multimillonarios los que, por medio de sus billones de billetes y de sus medios sociales, seleccionan a las personas que competirán en los eventos electorales para seleccionar al presidente o al primer ministro. Es por eso que, en los países capitalistas y plutocráticos en donde existe la cuasi democracia, los altos funcionarios públicos son, además de «simples administradores, siervos fieles de sus mecenas, a quienes deben obedecer y asegurar fórmulas apropiadas para que recuperen la inversión.»[cxxx]

§ 52

Todo el mundo sabe que la cuasi democracia «se presta, infortunadamente, a que los ascendidos al poder cultiven la hipocresía.»[cxxxi] Ahora bien, entiendo que en ocasiones es necesario que los políticos, tanto los veteranos como los novatos que son ascendidos al poder, sean boleros y cínicos, en especial cuando hablen sobre asuntos que estén relacionados con patria, nación, entre otras palabras similares.

Sostengo eso ya que la gente se puede sentir mal si, constantemente, se le deja saber que no es más que una explotable sierva que está al servicio: (1) de los ricos y poderosos capitalistas; y (2) de los gerifaltes del poder financiero.

§ 53

En los países capitalistas y plutocráticos en donde se juega a la cuasi democracia, se dice que los soldados y los policías tienen el deber de proteger a todos los ciudadanos, sin importar raza, nacionalidad o nivel socioeconómico. También se dice, en los aludidos países, que los soldados y los policías tienen que servirle al pueblo. Ahora bien, lo que no se dice en los países capitalistas y neoliberales es que los soldados y los policías tienen, por encima de otras obligaciones, la obligación de proteger los intereses de «los pudientes» y «los intereses financieros.»[cxxxii]

De hecho, lo arriba mencionado es el primer deber de los soldados y de los policías. Lo que ocurre es que, en el caso de la Policía, si todo marcha según los planes de los multimillonarios, de los capitalistas y de los gerifaltes del poder financiero, los agentes pueden dedicarse de lleno a sus tareas tradicionales.

Ahora bien, si ocurren situaciones sociales que terminan afectando seriamente los intereses de los multimillonarios, de los capitalistas ricos y de los gerifaltes del poder financiero, los cuerpos policiales tienen la obligación de significativamente desatender (menos policías en las comunidades y menos patrullaje preventivo) las necesidades de la gente común para atender las situaciones que estén afectando los intereses de los indicados ricos.

En el caso de los soldados, el deber de proteger los intereses de los capitalistas y de las clases ricas y dominantes es sumamente claro. Cuando una persona juramenta como soldado, jura proteger los intereses de la clase rica y dominante del momento.

Además, cuando los soldados de un país invaden las tierras de otro país eso significa que esos esclavos con rifles, mientras los hijos de los ricos capitalistas disfrutan de placeres, están arriesgando sus vidas para que los ricos capitalistas de su país, en caso de que los soldados aplasten al ejército del país invadido, puedan saquear y hacer billetes en el invadido país. Es por eso que concuerdo con el Dr. Arthur Schopenhauer, quien, qué duda cabe, era un genio, cuando dice que «el origen de todas las guerras es el afán de robar.»[cxxxiii]

§ 54

El capitalismo salvaje, que permite la venta de alimentos nocivos para la salud, ha permitido la existencia de un enorme abismo entre los ricos y los pobres. Es decir, uno puede ver que los ricos –gracias al capitalismo y al neoliberalismo– se han hecho más ricos y poderosos, mientras que «los pobres se han quedado igual o peor.»[cxxxiv]

Eso, de por sí, es un asunto preocupante. Ahora bien, lo más preocupante es que el capitalismo salvaje, que adora los daños sociales que causa el neoliberalismo, ha permitido que los capitalistas más ricos sean los que, en la realidad monda y lironda, seleccionen a los altos administradores públicos del mundo cuasi libre.

Es por eso que, utilizando como ejemplo a los Estados Unidos y al Reino Unido, los mencionados capitalistas son los que, por medio de sus billetes y por medio de sus medios de comunicación, determinan quienes serán las personas que participarán en los eventos electorales para escoger al presidente de *EE. UU.* y al primer ministro del Reino Unido. Por eso es que, en la realidad monda y lironda, el derecho al voto que tiene el ciudadano de a pie, en los indicados países, no vale casi nada.

Pero eso no es lo único que ha permitido el capitalismo salvaje. Digo eso ya que los capitalistas multimillonarios, con variantes y matices propios de cada país capitalista, tienen los billetes y las conexiones para lograr que los legisladores, que se supone que velen por el mejor bienestar del explotado pueblo, protejan –en la inmensa mayoría de las ocasiones– sus intereses.

Y eso lo logran por medio de las donaciones –hoy día se llaman inversiones políticas– a las campañas políticas y, sobre todo, por medio de sus grupos de cabildeo.

Cabe indicar que esos grupos de cabildeo, que en ocasiones han redactado proyectos de ley y proyectos de reglamento, hacen todo lo posible para que los legisladores voten a favor de leyes que inclinen o mantengan las «reglas del juego» a favor de los capitalistas ricos y poderosos.[cxxxv]

§ 55

Todos sabemos que la vida en sociedad, especialmente en los países donde se juega el juego de la cuasi democracia (recuerde que nunca ha existido una verdadera democracia) capitalista y neoliberal, es una lucha constante.[cxxxvi] Se lucha para obtener sexo, trabajo, dinero, reconocimiento y, sobre todo, paz económica. Ahora bien, una mirada profunda dentro del sistema capitalista demuestra que dicho sistema intensifica los niveles de esa lucha, al extremo de que ocasiona que muchísima gente busque ofrecer el mejor servicio o producto (en el caso de profesionales y comerciantes) y, como los jóvenes inventores de *Silicon Valley*, crear el mejor invento posible.

Eso, visto de esa manera, es algo positivo puesto que provoca que la gente se esfuerce para tratar de conseguir, por medio del trabajo duro y por medio de la inteligencia, billetes. También lo dicho es bueno por motivo de que, en estricta teoría, esa feroz competencia provoca: (1) que los buenos servicios y productos se mantengan a flote; y (2) que los malos servicios y productos desaparezcan.

Ahora bien, se supone que esa competencia feroz ocurra de manera limpia. Es decir, se supone que no se utilicen actos ilegales ni ventajas injustas durante esa lucha capitalista. Sin embargo, la realidad enseña que en la lucha capitalista se utilizan actos ilegales y ventajas indebidas.

Por eso es que, por ejemplo, uno puede ver que el robo de datos, el espionaje corporativo, la compra de información privilegiada, los sobornos y la publicidad engañosa son asuntos comunes y corrientes en la lucha capitalista. Debido a eso se puede decir que en la lucha capitalista, gústenos o no, todo se vale.

Dicho eso, tengo que decir que todos los comerciantes y todos los profesionales tienen que tener en cuenta todo lo antes dicho si es que, de alguna manera, desean alcanzar un buen grado de éxito dentro de la despiadada lucha capitalista que se suscita en todos los países cuasi democráticos.

Es decir, esas personas tienen que entender que la honestidad y el juego limpio, con honrosas excepciones, no funcionan en los países capitalistas y plutocráticos en los que se juega a la *democracia light*. Puesto que en estos días que vivimos, salvo raras y dichosas excepciones, «la astucia, la marrullería, el fariseísmo y la falta de escrúpulos se han convertido en los más eficaces instrumentos para alcanzar en poco tiempo un digno espacio en la sociedad.»[cxxxvii]

Dicho eso, sé que algunas personas dirán que hay que tener cuidado con las indebidas e ilegales acciones dentro de la salvaje lucha capitalista ya que, como nos han demostrado los medios de comunicación, hay capitalistas inescrupulosos que han terminado en la cárcel.

Tengo que decir, sobre eso, que a pesar de que es cierto que algunos capitalistas han terminado presos y multados por cometer trampas en el juego del capitalismo salvaje, la realidad enseña que suelen ser poquísimos los capitalistas inescrupulosos y tramposos que terminan siendo intervenidos por las autoridades.

En fin, la experiencia diaria y la historia nos han enseñado que las malas e ilegales acciones, «a menudo, redundan en grandes fortunas y quedan sin castigo.»[cxxxviii] También hemos aprendido que en los países en donde se juega el juego capitalista, neoliberal y cuasi democrático, sacando a los genios creadores del análisis, el éxito económico suele ser alcanzado por el listo que, aunque sean actos ilegales y antiéticos, toma riegos.[cxxxix]

Es por eso que, por ejemplo, uno puede ver que los abogados que sobornan o que incurren en actos indebidos que están relacionados con la inversión política, suelen obtener buenos puestos de trabajo dentro del ministerio público, dentro de la judicatura y dentro de agencias (o corporaciones) públicas.[cxl] Y por eso también vemos que, en los mismos países, los listos comerciantes que sobornan o que invierten en la política partidista, por encima de los comerciantes honrados que no quieren saber de los políticos demagogos, suelen ser favorecidos en las subastas públicas.[cxli]

§ 56

El único propósito del ser humano, además de la muerte y de la putrefacción, es servirle a la élite dominante, capitalista y multimillonaria.

§ 57

En las plutocracias capitalistas en donde se juega el juego de la *democracia light,* aunque resulte triste reconocerlo, los altos administradores públicos –como, por ejemplo, el presidente de EUA y el primer ministro del Reino Unido– no son elegidos por la voluntad popular, sino elegidos y ungidos por los gerifaltes del capitalismo.

Referencias

[i] Roberto Savio. **El auge del capitalismo moderno y el ocaso de la política.** (2012). Montevideo, Uruguay.: *Agencia de Noticias Inter Press Service (IPS).* Información consultada el 11 de septiembre de 2014, de http://www.ipsnoticias.net/2012/08/el-auge-del-capitalismo-moderno-y-el-ocaso-de-la-politica/.

[ii] Jorge Mario Bergoglio, obispo de Roma, en: Ordaz, P. (2015). **El Papa urge a la política a liberarse del yugo del poder económico.** Madrid, España: *El País.* Consultado el 30 de junio de 2015, de http://internacional.elpais.com/internacional/2015/06/18/actualidad/1434621095_820022.html.

[iii] Marcus Walker. **Detrás del acuerdo: Cómo Alemania doblegó a Grecia.** (2015). Nueva York, EEUU.: *The Wall Street Journal.* Información consultada el 30 de julio de 2015, de http://lat.wsj.com/articles/SB10858876461242944602104581106390640127456?tesla=y.

[iv] José Luis Meléndez Solórzano. **El capitalismo nos sigue matando.** (2012). Madrid, España.: *El País.* Información consultada el 30 de diciembre de 2014, de http://elpais.com/elpais/2012/05/04/opinion/1336148064_529075.html. También debe leer: Dr. Scott Mcconnell, periodista y doctor en filosofía por la Universidad Columbia en la ciudad de Nueva York, en: **¿Quiénes llevan las riendas de EE.UU.?** (2015). Moscú, Rusia.: *Russia Today (RT).* Información consultada el 30 de marzo de 2015, de http://actualidad.rt.com/actualidad/164673-gobernar-eeuu-magnate-dinero-politica.

[v] Emilio Arnao. (2014) **¿Existe hoy la filosofía?** España, Unión Europea: *Diario Progresista.* Consultado el 24 de diciembre de 2014, de http://www.diarioprogresista.es/existe-hoy-la-filosofia-58656.htm. También debe leer: Eduardo Galeano, escritor y pensador uruguayo, en: **Este es un mundo especializado en el exterminio del prójimo: Eduardo Galeano.** (2012). Colombia, Latinoamérica.: *Revista Arcadia.* Información consultada el 11 de agosto de 2013, de http://www.revistaarcadia.com/.

[vi] Armando B. Ginés. (2014). **Trabajos invisibles, actividades diversas**: Rafael López González El Tomillo y compañía. España, Unión Europea: *Edición del autor,* pág. 114.

[vii] Light, D., Keller, S. & Calhoun, C. (1991). **Sociología** (5a. ed.). Bogotá, Colombia.: *McGraw-Hill,* pág.439.

[viii] Mendoza, M.G. & Napoli, V. (1990). **Introducción a las Ciencias Sociales.** Bogotá, Colombia. *Editorial Mcgraw-Hill,* pág.308 {ISBN: 958-600-052-4}.

[ix] O'Brien, J. (2013). **Rate Manipulation: Largest Cartel Fine in History.** Harvard University, MA: *The Edmond J. Safra Center for Ethics.* Consultado el 18 de agosto de 2014, de http://ethics.harvard.edu/blog/rate-manipulation. También debe leer: Frankel, T. (2010). **J.P. Morgan hit with record U.K. fine.** Boston, MA: *Boston University.* Consultado el 23 de junio de 2015, de http://www.bu.edu/news/2010/06/03/j-p-morgan-hit-with-record-u-k-fine/.

[x] **JP Morgan pagará 13.000 millones de dólares por el fraude de las hipotecas basura.** (2013).Madrid, España.: *Corporación Radio Televisión Española (RTVE).* Información consultada el 1 de junio de 2014, de http://www.rtve.es/noticias/20131119/jp-morgan-pagara-13000-millones-dolares-fraude-hipotecas-basura/796400.shtml.

[xi] Tom Schoenberg, Dawn Kopecki, Hugh Son & Dakin Campbell. (2013). **JPMorgan Said to Reach Record $13 Billion U.S. Settlement.** Nueva York, EUA: *Bloomberg.*

Consultado el 23 de julio de 2015, de http://www.bloomberg.com/news/articles/2013-10-19/jpmorgan-said-to-have-reached-13-billion-u-s-accord.

[xii] Alfonso Fernández. **Bank of America pagará multa de $16,500 millones**. (2014). Guaynabo, Puerto Rico.: *El Nuevo Día*. Recuperado el 30 de diciembre de 2014, de http://www.elnuevodia.com/.

[xiii] Alfonso Fernández. **Bank of America pagará multa de $16,500 millones**. (2014). Guaynabo, Puerto Rico.: *El Nuevo Día*. Recuperado el 30 de diciembre de 2014, de http://www.elnuevodia.com/. También debe leer: Department of Justice. (2014). **Bank of America to Pay $16.65 Billion in Historic Justice Department Settlement for Financial Fraud Leading up to and During the Financial Crisis**. Washington, DC: *US Department of Justice*. Consultado el 18 de agosto de 2015, de http://www.justice.gov/opa/pr/bank-america-pay-1665-billion-historic-justice-department-settlement-financial-fraud-leading.

[xiv] Department of Justice. (2014). **Justice Department, Federal and State Partners Secure Record $7 Billion Global Settlement with Citigroup for Misleading Investors About Securities Containing Toxic Mortgages**. Washington, DC: *US Department of Justice, Office of Public Affairs*. Consultado el 30 de junio de 2015, de http://www.justice.gov/opa/pr/justice-department-federal-and-state-partners-secure-record-7-billion-global-settlement. También debe leer: Pozzi, S. (2014). **EE UU sanciona a Citigroup por el empaquetado de hipotecas tóxicas**. Madrid, España: *El País*. Consultado el 30 de diciembre de 2014, de http://economia.elpais.com/economia/2014/07/14/actualidad/1405336862_640282.html.

[xv] **Wells Fargo paga una multa de 5,3 millones por vender complejos productos de inversión sin desvelar riesgos**. (2012). España, Unión Europea: *Europa Press*. Consultado el 23 de julio de 2015, de http://www.europapress.es/economia/finanzas-00340/noticia-economia-wells-fargo-paga-multa-53-millones-vender-complejos-productos-inversion-desvelar-riesgos-20120814184900.html.

[xvi] Pereda, C. (2012). **El banco Wells Fargo pagará una multa por discriminar contra minorías**. Madrid, España: *El País*. Consultado el 30 de diciembre de 2014, de http://sociedad.elpais.com/sociedad/2012/07/12/actualidad/1342125641_539850.html.

[xvii] Santiago N. Becerra, economista y catedrático de la Universidad Ramon Llull de Barcelona, en: Rubén Pujol. **En el siglo XIX montaríamos una revolución pero ya no están de moda**. (2014). Madrid, España.: *El País*. Consultado el 30 de diciembre de 2014, de http://elpais.com/elpais/2014/09/05/icon/1409917936_220538.html.

[xviii] **Las 9 plagas que corroen el capitalismo**. (2013). Moscú, Rusia.: *Russia Today (RT)*. Información consultada el 30 de diciembre de 2013, de http://actualidad.rt.com/economia/view/100374-capitalismo-colapso-eeuu-fascismo.

[xix] Eduardo Galeano, escritor y pensador uruguayo, en: **Este es un mundo especializado en el exterminio del prójimo: Eduardo Galeano**. (2012). Colombia, Latinoamérica.: *Revista Arcadia*. Información consultada el 11 de agosto de 2013, de http://www.revistaarcadia.com/. También debe leer: Alma E. Muñoz. (2014). **El poder financiero es el que manda en México, sostiene Adolfo Gilly**. Ciudad de México, México.: *La Jornada*. Recuperado el 31 de diciembre de 2014, de http://www.jornada.unam.mx/2014/04/05/politica/012n2pol.

[xx] Olier, E. (2013). **La crisis del capitalismo actual**. España, Unión Europea.: *El Economista*. Información consultada el 23 de julio de 2014, de http://www.eleconomista.es/firmas/noticias/4831868/05/13/La-crisis-del-capitalismo-actual.html.

[xxi]Jorge Mario Bergoglio, obispo de Roma, en: Ordaz, P. (2015). **El Papa urge a la política a liberarse del yugo del poder económico**. Madrid, España: *El País*. Consultado el 30 de junio de 2015, de http://internacional.elpais.com/internacional/2015/06/18/actualidad/1434621095_820022.html.
[xxii]Mario Vargas Llosa. (2012). **La civilización del espectáculo**. México, D.F.: *Editorial Alfaguara*, pág.24.
[xxiii]**Capitalismo y financiarización**. (2013). Guaynabo, Puerto Rico.: *El Nuevo Día*. [Versión electrónica]. También debe leer: Mario Benedetti. (1984). **El capitalismo real**. Madrid, España: *El País*. Consultado el 29 de diciembre de 2014, de http://elpais.com/diario/1984/08/27/opinion/462405604_850215.html.
[xxiv]**Profesiones que ya hemos perdido o están a punto de desaparecer**. (2015). Moscú, Rusia.: *Russia Today (RT)*. Información consultada el 30 de junio de 2015, de http://actualidad.rt.com/sociedad/165877-profesion-desaparecer-historia-desarrollo-tecnologia. También debe leer: Peter Joseph, director de cine y crítico social, en: **El autor de Zeitgeist vaticina el fracaso del capitalismo**. (2014). Moscú, Rusia.: *Russia Today (RT)*. Información consultada el 30 de diciembre de 2014, de http://actualidad.rt.com/.
[xxv]Santori, F. (2014). **Educación**. Guaynabo, Puerto Rico.: *El Nuevo Día*. [Versión electrónica: http://www.elnuevodia.com/blog-educacion-1859573.html].
[xxvi]Según el Dr. Stephen Hawking, catedrático de la Universidad de Cambridge (Reino Unido), en: **Stephen Hawking afirma que la raza humana deberá abandonar el planeta o se extinguirá**. (2010). Madrid, España.: *Público*. Información consultada el 30 de diciembre de 2010, de http://www.publico.es/.
[xxvii]**Citizens United v. Federal Election Commision**, 558 U.S. 50 (2010). Vea más información en: Exposición de Motivos de la Ley de Puerto Rico Núm. 135 del año 2012.
[xxviii]Armando B. Ginés. (2014). **Hacerse puta, nuevo hito de la marca España**. España, Unión Europea: *Diario Octubre*. Información consultada el 31 de diciembre de 2014, de http://www.diario-octubre.com/2014/03/02/hacerse-puta-nuevo-hito-de-la-marca-espana/. También debe leer: Mario Benedetti. (1984). **El capitalismo real**. Madrid, España: *El País*. Consultado el 29 de diciembre de 2014, de http://elpais.com/diario/1984/08/27/opinion/462405604_850215.html.
[xxix]Mario Vargas Llosa. (2013). **El hombre que estorbaba**. Madrid, España.: *El País*. Consultado el 3 de mayo de 2013, de http://www.elpais.com/.
[xxx]Filipetto, F. (2014). **Rumbos**. Italia, Unión Europea: *Libreriauniversitaria.it Edizioni*, página 134.
[xxxi]**El 1% de los más ricos posee casi la mitad de la riqueza global**. (2014). Moscú, Rusia.: *Russia Today (RT)*. Información consultada el 30 de diciembre de 2014, de http://actualidad.rt.com/economia/view/143566-riqueza-bancos-bienestar-informe.
[xxxii]Jean-Louis Laville & Jordi Garcia Jané. (2009). **Crisis capitalista y economía solidaria**. Una economía que emerge como alternativa real. Barcelona, España: *Icaria Editorial*.[ISBN: 9788498880335]. Consultado el 23 de junio de 2015, de http://www.icariaeditorial.com/libros.php?id=1034.
[xxxiii]Moros, E. (1995). **La filosofía de la liberación de Enrique D. Dussel: ¿alternativa al marxismo en América Latina?** Venezuela, Latinoamérica: *Editorial de la Universidad Los Andes*, página 120.
[xxxiv]Moros, E. (1995). **La filosofía de la liberación de Enrique D. Dussel: ¿alternativa al marxismo en América Latina?** Venezuela, Latinoamérica: *Editorial de la Universidad Los Andes*, página 120.

[xxxv]Ginés, A. (2014). **Cuentos capitalistas de ilusión y miedo**. España, Unión Europea.: *Diario Octubre*. Información consultada el 31 de octubre de 2014, de http://www.diario-octubre.com/.
[xxxvi]**Robots y programas aniquilan puestos de trabajo**. (2014). Guaynabo, Puerto Rico.: *El Nuevo Día*. [Versión electrónica].
[xxxvii]James O'Toole. (2014). **Los robots remplazarán a los trabajadores de comida rápida**. Atlanta, EUA: *Cable News Network*. Información consultada el 18 de agosto de 2015, de http://cnnespanol.cnn.com/2014/05/22/los-robots-remplazaran-a-los-trabajadores-de-comida-rapida/.
[xxxviii]Mario Benedetti. (1993). **Los signos del desconcierto**. Madrid, España.: *El País*. Consultado el 3 de mayo de 2014, de http://www.elpais.com/.
[xxxix]Ignacio Sotelo. **La tercera fase del capitalismo**. (2014). Madrid, España: *El País*. Consultado el 30 de diciembre de 2014, de http://elpais.com/elpais/2014/02/21/opinion/1392988034_229568.html.
[xl]Ignacio Sotelo. **La tercera fase del capitalismo**. (2014). Madrid, España: *El País*. Consultado el 30 de diciembre de 2014, de http://elpais.com/elpais/2014/02/21/opinion/1392988034_229568.html.
[xli]Vea algunos resultados y advertencias del Global Network of Science Academies, en: Baron, F. (2012). **Los sabios piden frenar el crecimiento de la población y el consumo voraz**. Madrid, España.: *El País*. Consultado el 30 de julio de 2013, de http://www.elpais.com/.
[xlii]Byung-Chun. (2014) **¿Por qué hoy no es posible la revolución?** (2014). Madrid, España.: *El País*. Consultado el 30 de diciembre de 2014, de http://elpais.com/elpais/2014/09/22/opinion/1411396771_691913.html.
[xliii]García, A. (2015). **Facebook sabe más de tu personalidad que tú mismo**. España, Unión Europea: *ComputerHoy*. Consultado el 30 de julio de 2015, de http://computerhoy.com/noticias/apps/facebook-sabe-mas-tu-personalidad-que-tu-mismo-23061.
[xliv]Durán-Mena, C. (2014). **Minería de datos: información precisa y relevante**. Nueva York, EE.UU.: *Forbes*. Información consultada el 12 de diciembre de 2014, de http://www.forbes.com.mx/mineria-de-datos-informacion-precisa-y-relevante/.
[xlv]Según el filósofo español Eugenio Trías. Vea sus palabras en: Berasátegui, B. (2001). **Eugenio Trías: El intelectual debe ser olímpicamente inoportuno**. España, Unión Europea: *El Cultural*. Consultado el 11 de noviembre de 2011, de http://www.elcultural.es/revista/letras/Eugenio-Trias/13190. También debe leer: Eduardo Galeano, escritor y pensador uruguayo, en: **Este es un mundo especializado en el exterminio del prójimo: Eduardo Galeano**. (2012). Colombia, Latinoamérica.: *Revista Arcadia*. Información consultada el 11 de agosto de 2013, de http://www.revistaarcadia.com/.
[xlvi]Vea el análisis del Dr. John Gray, filósofo británico y catedrático de la Escuela de Economía y Ciencia Política de Londres, en: Gray, J. (2014). **Por qué el capitalismo no ha triunfado como sistema**. Londres, Reino Unido: *British Broadcasting Corporation (BBC)*. Consultado el 30 de diciembre de 2014, de http://www.bbc.com/mundo/noticias/2014/11/141111_economia_capitalismo_fracaso_jgc.
[xlvii]Armando B. Ginés. **La soledad moral y el populismo**. (2015). España, Unión Europea.: *Diario Octubre*. Información consultada el 31 de diciembre de 2015, de http://www.diario-octubre.com/2015/01/29/la-soledad-moral-y-el-populismo/.

[xlviii] Según Jorge Mario Bergoglio, obispo de Roma, en: **Francisco critica capitalismo salvaje**. (2015). Perú, Latinoamérica: *Diario Uno*. Consultado el 30 de junio de 2015, de http://diariouno.pe/2015/06/19/francisco-critica-capitalismo-salvaje/.

[xlix] Gazir Sued, Ph.D. **Locuras**. (2014). Guaynabo, Puerto Rico.: *El Nuevo Día*. [Versión electrónica: http://www.elnuevodia.com/columna-locuras-1817982.html].

[l] Vea las palabras de Gilles Lipovetsky, filósofo francés, en: Vicente, A. (2015). **Si Podemos convence es solo por la desesperación de la gente**. Madrid, España: *El País*. Consultado el 30 de mayo de 2015, de http://elpais.com/elpais/2015/04/29/icon/1430319768_710520.html.

[li] Mario Benedetti. (1998). **La persona Saramago**. Madrid, España.: *El País*. Consultado el 3 de mayo de 2014, de http://www.elpais.com/.

[lii] Mario Vargas Llosa. (2012). **La civilización del espectáculo**. México, D.F.: Editorial Alfaguara, pág.33.

[liii] Giuseppe Piero Grillo, cómico, actor y político italiano, según citado en: Mazzei, U. (2015). **Grecia: La encrucijada europea**. España, Unión Europea.: *Diario Octubre*. Información consultada el 30 de julio de 2015, de http://www.diario-octubre.com/2015/07/12/grecia-la-encrucijada-europea/.

[liv] Cañas, J. (2015). **O acabamos con el capitalismo o él acaba con nosotros**. Chile, Latinoamérica: *Radio Universidad de Chile*. Consultado el 30 de julio de 2015, de http://radio.uchile.cl/2015/07/04/o-acabamos-con-el-capitalismo-o-el-acaba-con-nosotros-2.

[lv] Alberto Manguel, escritor argentino, en: Winston Manrique Sabogal. **Cruzada por la curiosidad, tema del nuevo libro de Alberto Manguel**. (2015). Bogotá, República de Colombia: *El Espectador*. Información consultada el 30 de julio de 2015, de http://www.elespectador.com/noticias/cultura/cruzada-curiosidad-tema-del-nuevo-libro-de-alberto-mang-articulo-555283.

[lvi] Alberto Manguel, escritor argentino, en: Winston Manrique Sabogal. **Cruzada por la curiosidad, tema del nuevo libro de Alberto Manguel**. (2015). Bogotá, República de Colombia: *El Espectador*. Información consultada el 30 de julio de 2015, de http://www.elespectador.com/noticias/cultura/cruzada-curiosidad-tema-del-nuevo-libro-de-alberto-mang-articulo-555283.

[lvii] **El fin del capitalismo: ¿Una utopía o una realidad próxima?** (2015). Moscú, Rusia.: *Russia Today (RT)*. Información consultada el 30 de julio de 2015, de http://actualidad.rt.com/economia/175190-fin-capitalismo-realidad-proxima.

[lviii] Vea la tesis de Yves Michaud, filósofo y profesor de la Universidad de Paris, en: Elola, J. (2015). **Una espiral sin fin**. Madrid, España: *El País*. Consultado el 30 de abril de 2015, de http://elpais.com/elpais/2015/04/28/eps/1430217830_593116.html.

[lix] Fernández, R. (2015). **El capitalismo no será retransmitido**. Madrid, España: *Diagonal Periódico*. Consultado el 23 de julio de 2015, de https://www.diagonalperiodico.net/saberes/27227-capitalismo-no-sera-retransmitido.html.

[lx] **La defensa del premio Nobel Tim Hunt tras sus declaraciones sexistas**. (2015). Londres, Reino Unido: *British Broadcasting Corporation (BBC)*. Consultado el 30 de junio de 2015, de http://www.bbc.com/mundo/noticias/2015/06/150615_ciencia_entrevista_premio_nobel_tim_hunt_comentario_machista_lv.

[lxi] Souto, M. (2014). **Detrás de la ropa que consumimos**. España, Unión Europea: *El Periódico*. Consultado el 23 de agosto de 2015, de http://www.elperiodico.com/es/noticias/reaccionando/detras-topa-consumimos-manuel-souto-reaccionando-3523733. También debe leer: **Trabajadores incendian una fábrica**

que produce para Zara en Bangladesh. (2013). España, Unión Europea: *El Diario*. Consultado el 11 de julio de 2015, de http://www.eldiario.es/desalambre/Trabajadores-incendian-fabrica-Zara-Bangladesh_0_201930166.html; Villadiego, L. (2014). **Desmayos, abusos y muertes: así se fabrica la ropa en Camboya**. España, Unión Europea: *El Diario*. Consultado el 23 de agosto de 2015, de http://www.eldiario.es/desalambre/Desmayos-abusos-muertes-fabrica-Camboya_0_304120404.html; **Intermón-Oxfam denuncia los abusos laborales que se producen en Asia por parte de las grandes marcas deportivas**. (2006). Madrid, España.: *20minutos*. Recuperado el 31 de diciembre de 2013, de http://www.20minutos.es/noticia/123231/0/fila/asia/intermon/; Burke, J. (2000). **Child labour scandal hits Adidas**. Londres, Reino Unido.: *The Guardian*. Información consultada el 11 de diciembre de 2014, de http://www.theguardian.com/uk/2000/nov/19/jasonburke.theobserver.

[lxii]Según Jorge Mario Bergoglio, obispo de Roma, en: Ordaz, P. (2013). **El Papa clama en Lampedusa contra la globalización de la indiferencia**. Madrid, España: *El País*. Consultado el 30 de diciembre de 2014, de http://internacional.elpais.com/internacional/2013/07/08/actualidad/1373270412_332935.html.

[lxiii]Elola, J. (2015). **Una espiral sin fin**. Madrid, España: *El País*. Consultado el 30 de abril de 2015, de http://elpais.com/elpais/2015/04/28/eps/1430217830_593116.html.

[lxiv]Mario Benedetti. (1991). **La hipocresía terminal**. Madrid, España: *El País*. Consultado el 30 de diciembre de 2014, de http://elpais.com/diario/1991/10/16/opinion/687567608_850215.html.

[lxv]Juan Ramón Baliñas Bueno. (2015). **El sistema capitalista debe revisarse: no funciona adecuadamente**. España, Unión Europea: *Mundario*. Consultado el 11 de junio de 2015, de http://www.mundiario.com/articulo/economia/sistema-capitalista-debe-revisarse-no-funciona-adecuadamente/20150609073005030816.html.

[lxvi]Mario Benedetti. (1990). **Hacia un estado de malestar**. Madrid, España: *El País*. Consultado el 12 de diciembre de 2012, de http://elpais.com/diario/1990/11/19/opinion/658969206_850215.html.

[lxvii]Vea las explicaciones del Dr. Richard J. Roberts, premio Nobel de Medicina, en: **Nobel de medicina: Curar enfermedades no es rentable para las farmacéuticas**. (2013). Moscú, Rusia.: *Russia Today*. Información consultada el 12 de diciembre de 2013, de http://actualidad.rt.com/actualidad/view/93667-nobel-medicina-enfermedades-farmaceuticas-roberts.

[lxviii]Mario Hernández. **A 150 años de "El Capital", Thomas Piketty viene a ratificar que el capitalismo es una máquina de producción de desigualdad**. (2015). Madrid, España.: *Revista Rebelión*. Información consultada el 30 de junio de 2015, de http://www.rebelion.org/noticia.php?id=200298.

[lxix]Vea las palabras del Dr. Paul Krugman, premio Nobel de Economía y catedrático de la Universidad de Princeton, en: Paul Krugman. **La desigualdad es un lastre**. (2014). Madrid, España.: *El País*. Consultado el 30 de diciembre de 2014, de http://economia.elpais.com/economia/2014/08/08/actualidad/1407505967_829330.html.

[lxx]Según el maestro José Saramago, premio Nobel, en: Bonilla, J. (2000). **José Saramago: Los centros comerciales son hoy como la caverna de Platón**. España, Unión Europea: *El Cultural*. Información consultada el 18 de agosto de 2014, de http://www.elcultural.es/revista/letras/Jose-Saramago/2888.

[lxxi]Según Jorge Mario Bergoglio, obispo de Roma, en: Ordaz, F. (2015). **El Papa acusa a empresas y Gobiernos del cambio climático**. Madrid, España: *El País*. Consultado el

30 de junio de 2015, de
http://internacional.elpais.com/internacional/2015/06/17/actualidad/1434534517_957229.html.
[lxxii]**Cómo el capitalismo mató a la clase media de EE.UU**. (2014). Moscú, Rusia.: *Russia Today (RT)*. Información consultada el 31 de diciembre de 2014, de http://actualidad.rt.com/.
[lxxiii]Vea los resultados de un análisis realizado por Thomas Piketty, economista francés, en: Alicia González. **Nunca ha habido tanta riqueza privada en el último siglo**. (2014). Madrid, España: *El País*. Consultado el 30 de diciembre de 2014, de http://economia.elpais.com/economia/2014/04/11/actualidad/1397236998_639957.html.
[lxxiv]Dr. Joseph E. Stiglitz, premio Nobel de Economía y profesor en la Universidad de Columbia, en: Joseph E. Stiglitz. **La era de la vulnerabilidad**. (2014). Madrid, España.: *El País*. Consultado el 30 de diciembre de 2014, de http://economia.elpais.com/economia/2014/10/24/actualidad/1414164066_235530.html.
[lxxv]Armando B. Ginés. (2014). **La fábrica y la ciudad: izquierda obrera e izquierda urbana**. España, Unión Europea.: *Diario Octubre*. Información consultada el 31 de diciembre de 2014, de http://www.diario-octubre.com/2014/10/22/la-fabrica-y-la-ciudad-izquierda-obrera-e-izquierda-urbana/.
[lxxvi]Innerarity, D. (2015). **Libertad como desconexión**. Madrid, España: *El País*. Consultado el 30 de mayo de 2015, de http://elpais.com/elpais/2015/05/21/opinion/1432228354_208918.html.
[lxxvii]Roberto Savio. **El auge del capitalismo moderno y el ocaso de la política**. (2012). Montevideo, Uruguay.: *Agencia de Noticias Inter Press Service (IPS)*. Información consultada el 11 de septiembre de 2014, de http://www.ipsnoticias.net/2012/08/el-auge-del-capitalismo-moderno-y-el-ocaso-de-la-politica/.
[lxxviii]Vea el análisis del historiador inglés Perry Anderson, en: Mario Benedetti. (1988) **¿Después? La Constitución**. Madrid, España: *El País*. Consultado el 30 de diciembre de 2014, de http://elpais.com/diario/1988/02/07/opinion/571186811_850215.html.
[lxxix]Andrés Oppenheimer. (2015). **Latinoamérica y el 'fin del capitalismo'**. Miami, FL: *El Nuevo Herald*. Consultado el 23 de junio de 2015, de http://www.elnuevoherald.com/opinion-es/opin-col-blogs/andres-oppenheimer-es/article11143241.html.
[lxxx]Diez, P.M. (2014). **La contaminación provocó en 2012 670.000 muertes en China**. Madrid, España.: *Diario ABC*. Recuperado el 30 de junio de 2015, de http://www.abc.es/sociedad/20141106/abci-china-contaminacion-muertos-2012-201411052203.html. También debe leer: Wieczorek, D. (2015). **The Cost of Chinese Air Pollution**. Tufts University, Massachusetts: *Tufts Now*. Consultado el 23 de julio de 2015, de http://now.tufts.edu/articles/cost-chinese-air-pollution.
[lxxxi]Diez, P.M. (2014). **La contaminación provocó en 2012 670.000 muertes en China**. Madrid, España.: *Diario ABC*. Recuperado el 30 de junio de 2015, de http://www.abc.es/sociedad/20141106/abci-china-contaminacion-muertos-2012-201411052203.html. También debería leer: Vidal, M. (2015). **El Gobierno chino censura el documental sobre contaminación**. Madrid, España: *El País*. Consultado el 30 de junio de 2015, de http://internacional.elpais.com/internacional/2015/03/06/actualidad/1425656280_517419.html.
[lxxxii]Diez, P.M. (2015). **La contaminación de Pekín supera 20 veces los límites de la OMS**. Madrid, España.: *Diario ABC*. Recuperado el 30 de junio de 2015, de http://www.abc.es/sociedad/20150116/abci-contaminacion-china-201501152057.html.

[lxxxiii] Vea los datos de una investigación realizada por expertos de la Universidad de Chicago, de la Universidad de Harvard y de la Universidad de Yale, en: **La contaminación en India acorta 660 millones de vidas, según estudio**. (2015). Venezuela, Latinoamérica: *Noticia al Día*. Consultado el 12 de julio de 2015, de http://noticiaaldia.com/2015/02/la-contaminacion-en-india-acorta-660-millones-de-vidas-segun-estudio/. También debe leer: Ekstrom, V. (2015). **High pollution cuts most Indian lives short by three years**. Chicago, EUA: *University of Chicago*. Consultado el 18 de agosto de 2015, de http://news.uchicago.edu/article/2015/02/26/high-pollution-cuts-most-indian-lives-short-three-years.

[lxxxiv] Pokharel, S. (2015). **Nueva Delhi, la ciudad con la peor calidad del aire del mundo**. México, Latinoamérica.: *CNN México*. Información consultada el 27 de junio de 2015, de http://mexico.cnn.com/planetacnn/2015/04/14/nueva-delhi-la-ciudad-con-la-peor-calidad-del-aire-del-mundo. También debe leer: Ekstrom, V. (2015). **High pollution cuts most Indian lives short by three years**. Chicago, EUA: *University of Chicago*. Consultado el 18 de agosto de 2015, de http://news.uchicago.edu/article/2015/02/26/high-pollution-cuts-most-indian-lives-short-three-years.

[lxxxv] Cesáreo Rodríguez-Aguilera. (2015). **El "comunismo capitalista" de Vietnam**. Barcelona, España: *Asociación para las Naciones Unidas en España*. Consultado el 30 de enero de 2015, de http://www.anue.org/es/content/el-%E2%80%9Ccomunismo-capitalista%E2%80%9D-de-vietnam-0.

[lxxxvi] **Vietnam enfrenta crítica situación por contaminación del aire**. (2012). México, Latinoamérica: *Organización Editorial Mexicana*. Consultado el 8 de febrero de 2012, de http://www.oem.com.mx/eloccidental/notas/n2419336.htm. También debe leer: Fuller, T. (2007). **Air pollution fast becoming an issue in booming Vietnam**. Nueva York, EUA: *The New York Times*. Consultado el 4 de julio de 2014, de http://www.nytimes.com/2007/07/06/world/asia/06iht-pollute.1.6529573.html%2Bpollution+in+vietnam&lr&gbv=1&hl=es&&ct=clnk.

[lxxxvii] Romero, M. (2014). **Vietnam: la victoria de los derrotados**. Madrid, España.: *El Mundo*. Consultado el 29 de diciembre de 2014, de http://www.elmundo.es/internacional/2014/03/30/53340f4122601d56208b4574.html. También debe leer: **Vietnam Pollution Threatens Health**. (2009). Washington, DC: *Radio Free Asia*. Consultado el 4 de julio de 2014, de http://www.rfa.org/english/news/vietnam/pollution-04012009110733.html.

[lxxxviii] Juan XXIII, obispo de Roma, según citado en: Ordaz, P. (2015). **El Papa urge a la política a liberarse del yugo del poder económico**. Madrid, España: *El País*. Consultado el 30 de junio de 2015, de http://internacional.elpais.com/internacional/2015/06/18/actualidad/1434621095_820022.html.

[lxxxix] **El 1% de los más ricos posee casi la mitad de la riqueza global**. (2014). Moscú, Rusia.: *Russia Today (RT)*. Información consultada el 30 de julio de 2015, de http://actualidad.rt.com/economia/view/143566-riqueza-bancos-bienestar-informe.

[xc] Dr. Joseph E. Stiglitz, premio Nobel de Economía y profesor en la Universidad de Columbia, en: Joseph E. Stiglitz. **La era de la vulnerabilidad**. (2014). Madrid, España.: *El País*. Consultado el 30 de diciembre de 2014, de http://economia.elpais.com/economia/2014/10/24/actualidad/1414164066_235530.html.

[xci] Ariane de Vogue. **La Corte Suprema da revés a ley de Obama sobre emisiones tóxicas**. (2015). México, Latinoamérica.: *CNN México*. Información consultada el 27 de julio de 2015, de http://mexico.cnn.com/planetacnn/2015/06/29/la-corte-suprema-da-reves-a-ley-de-obama-sobre-emisiones-toxicas.

[xcii] Vea el análisis de Yayo Herrero, ingeniera y profesora de la UNED (España), en: Villa, L. (2014). **El capitalismo nunca podrá ser verde ni tener rostro humano**. España, Unión Europea: *Público*. Consultado el 23 de junio de 2015, de http://www.publico.es/actualidad/capitalismo-podra-verde-ni-rostro.html.

[xciii] Naomi Klein, periodista e investigadora canadiense, en: **Calentamiento global: ¿El capitalismo está destruyendo nuestro planeta?** (2015). Moscú, Rusia.: *Russia Today (RT)*. Información consultada el 30 de julio de 2015, de http://actualidad.rt.com/actualidad/171260-calentamiento-global-capitalismo. También debe ver la tesis del Dr. Rubén Llop, director del departamento de Política de Empresa y Dirección de Personas de la Escuela de Alta Dirección y Administración, según explicada en: **¿El sistema capitalista está en crisis o en pleno auge?** (2015). Barcelona, España: *Escuela de Alta Dirección y Administración*. Consultado el 30 de junio de 2015, de http://blogs.eada.edu/2015/03/24/el-sistema-capitalista-esta-en-crisis-o-en-pleno-auge/.

[xciv] Vea el análisis de Yayo Herrero, ingeniera y profesora de la UNED (España), en: Villa, L. (2014). **El capitalismo nunca podrá ser verde ni tener rostro humano**. España, Unión Europea: *Público*. Consultado el 23 de julio de 2015, de http://www.publico.es/actualidad/capitalismo-podra-verde-ni-rostro.html.

[xcv] Según el filósofo español Eugenio Trías. Vea sus palabras en: Berasátegui, B. (2001). **Eugenio Trías: El intelectual debe ser olímpicamente inoportuno**. España, Unión Europea: *El Cultural*. Consultado el 11 de noviembre de 2011, de http://www.elcultural.es/revista/letras/Eugenio-Trias/13190.

[xcvi] **Buscan impedir que Walmart afecte a pequeñas empresas**. (2011). Torreón Coah. México: *Editora de la Laguna*. Consultado el 23 de junio de 2015, de http://www.elsiglodetorreon.com.mx/noticia/614974.buscan-impedir-que-walmart-afecte-a-pequenas-empresas.html. También debe leer: Barrison, S. (2011). **Study proves it: Walmart super-stores kill off local small businesses**. Nueva York, EUA: *NY Daily News*. Consultado el 23 de junio de 2015, de http://www.nydailynews.com/new-york/brooklyn/study-proves-walmart-super-stores-kill-local-small-businesses-article-1.140129.

[xcvii] **Megatiendas desangran a Puerto Rico, según Sociedad de Planificación**. (2015). Guaynabo, Puerto Rico.: *Primera Hora*. [Versión electrónica:http://www.primerahora.com/noticias/gobierno-política/nota/megatiendasdesangranapuertoricosegunsociedaddeplanificacion-1077157/].

[xcviii] Según Jorge Mario Bergoglio, obispo de Roma, en: **Francisco critica capitalismo salvaje**. (2015). Perú, Latinoamérica: *Diario Uno*. Consultado el 30 de junio de 2015, de http://diariouno.pe/2015/06/19/francisco-critica-capitalismo-salvaje/.

[xcix] Vea las palabras del alcalde de Bogotá (Colombia), Gustavo Petro, en: **Mayor causa del cambio climático es el capitalismo**. (2015). Bogotá, República de Colombia: *El Espectador*. Información consultada el 11 de julio de 2015, de http://www.elespectador.com/noticias/bogota/mayor-causa-del-cambio-climatico-el-capitalismo-petro-articulo-569765.

[c] **Autoridades rescatan a cientos de niños en fábricas en India**. (2014). Florida, EUA: *América CV Network LLC*. Consultado el 23 de agosto de 2015, de http://www.americateve.com/autoridades-rescatan-cientos-ninos-fabricas-india-n847241.

[ci] **EE.UU.: muy jóvenes para fumar, pero no para recoger tabaco**. (2014). Londres, Reino Unido.: *British Broadcasting Corporation (BBC)*. Recuperado el 30 de diciembre de 2014, de http://www.bbc.co.uk/mundo/.
[cii] Néstor Francia. **Miserias del fútbol en el capitalismo**. (2015). Madrid, España.: *Revista Rebelión*. Información consultada el 30 de junio de 2015, de http://www.rebelion.org/noticia.php?id=199370.
[ciii] Vea las palabras del Dr. Paul Krugman, premio Nobel de Economía y catedrático de la Universidad de Princeton, en: Paul Krugman. **La desigualdad es un lastre**. (2014). Madrid, España.: *El País*. Consultado el 30 de diciembre de 2014, de http://economia.elpais.com/economia/2014/08/08/actualidad/1407505967_829330.html.
[civ] Jean-Louis Laville & Jordi Garcia Jané. (2009). **Crisis capitalista y economía solidaria**. Una economía que emerge como alternativa real. Barcelona, España: *Icaria Editorial*.[ISBN: 9788498880335]. Consultado el 23 de junio de 2015, de http://www.icariaeditorial.com/libros.php?id=1034.
[cv] Según Jorge Mario Bergoglio, obispo de Roma, en: **Francisco critica capitalismo salvaje**. (2015). Perú, Latinoamérica: *Diario Uno*. Consultado el 30 de junio de 2015, de http://diariouno.pe/2015/06/19/francisco-critica-capitalismo-salvaje/.
[cvi] Félix I. Aponte Ortiz. (2013). **El Animal Humano**. San Juan, Puerto Rico.: *Claridad*. Consultado el 19 de octubre de 2013, de http://claridadpuertorico.com/.
[cvii] Fourmont, G. (2010). **Pesimismo, la receta contra el mal rollo**. España, Unión Europea.: *Público*. Información consultada el 18 de agosto de 2013, de http://www.publico.es/. Lea, además: Moreno, L.F. (2010). **Filósofo para esta época**. Madrid, España.: *El País*. Consultado el 30 de junio de 2012, de http://www.elpais.com/.
[cviii] Según Jorge Mario Bergoglio, obispo de Roma, en: **Francisco critica capitalismo salvaje**. (2015). Perú, Latinoamérica: *Diario Uno*. Consultado el 30 de junio de 2015, de http://diariouno.pe/2015/06/19/francisco-critica-capitalismo-salvaje/.
[cix] **La economía de EE.UU. es un castillo de naipes**. (2014). Moscú, Rusia.: *Russia Today (RT)*. Información consultada el 31 de diciembre de 2014, de http://actualidad.rt.com/. También debe leer: Hamilton, W. (2003, Volume 123, Issue 6). **J.P. Morgan Agrees to Pay $6 Million Fine for Improper IPO Commissions**. Massachusetts Institute of Technology (MIT), Massachusetts: *The Tech*. Consultado el 23 de junio de 2015, de http://tech.mit.edu/V123/N6/Long_5_$6.6w.html.
[cx] **La corrupción toca a Walmart de México**. (2012). Atlanta, Georgia: *CNNExpansión*. Consultado el 24 de febrero de 2014, de http://www.cnnexpansion.com/negocios/2012/04/21/la-corrupcion-toca-a-walmart-de-mexico.
[cxi] Sophia Yan. **China multa a GlaxoSmithKline con 489 mdd por sobornos**. (2014). Atlanta, Georgia: *CNNExpansión*. Consultado el 24 de febrero de 2015, de http://www.cnnexpansion.com/negocios/2014/09/19/china-multa-a-glaxosmithklinecon-489-mdd-por-sobornos.
[cxii] **Multa millonaria a Ralph Lauren por sobornos en Argentina**. (2013). San Juan, Puerto Rico.: *Noticel*. Información consultada el 29 de diciembre de 2013, de http://www.noticel.com/.
[cxiii] Según el sistema filosófico del maestro Arthur Schopenhauer. Vea un análisis del mencionado sistema filosófico en: Safranski, R. (2010). **La actualidad de Schopenhauer**. Madrid, España.: *El País*. Consultado el 30 de diciembre de 2012, de http://www.elpais.com/.
[cxiv] **Justicia federal multa a Sea Star por fijar precios en Puerto Rico**. (2011). San Juan, Puerto Rico.: *El Vocero de Puerto Rico*. [Versión electrónica].

[cxv] **Alstom recibe multa récord en Estados Unidos**. (2014). Georgia, EUA.: *CNNExpansión*. Información consultada el 27 de diciembre de 2014, dehttp://www.cnnexpansion.com/negocios/2014/12/22/alstom-recibe-multa-record-en-estados-unidos.

[cxvi] Kelly Cobiella. (2009). **Buyer Beware: Web Supplement Scams**. New York, NY.: *CBS News*. Información consultada el 11 de enero de 2011, de http://www.cbsnews.com/.También debe leer: **Cuidado con los suplementos herbarios**. (2015). Guaynabo, Puerto Rico.: *Primera Hora*. [Versión electrónica: http://www.primerahora.com/noticias/estados-unidos/nota/cuidadoconlossuplementosherbarios-1064207/].

[cxvii] **Las estafas alimentarias más escandalosas de los últimos años**. (2013). Moscú, Rusia.: *Russia Today (RT)*. Información consultada el 12 de diciembre de 2013, de http://actualidad.rt.com/.

[cxviii] Nydia Bauzá **¿El arroz tiene qué?** (2012). Guaynabo, Puerto Rico.: *Primera Hora*. [Versión electrónica].

[cxix] Armando B. Ginés. **Seguridad jurídica y estabilidad económica, grandes mitos de la mundialización neoliberal**. (2015). España, Unión Europea.: *Diario Octubre*. Información consultada el 30 de junio de 2015, de http://www.diario-octubre.com/2015/06/08/seguridad-juridica-y-estabilidad-economica-grandes-mitos-de-la-mundializacion-neoliberal/.

[cxx] García, C. (2012). **Abbott pagará en EE UU una multa de 1.600 millones de dólares por fraude**. Madrid, España.: *El País*. Consultado el 30 de diciembre de 2013, de http://www.elpais.com/.

[cxxi] Mendoza, M.G. & Napoli, V. (1990). **Introducción a las Ciencias Sociales**. Bogotá, Colombia. *Editorial Mcgraw-Hill*, pág.155 {ISBN: 958-600-052-4}.

[cxxii] Fieldstadt, E. (2015). **New York City Reaches $5.9 Million Settlement With Family of Eric Garner**. Nueva York, EUA: *NBC News*. Consultado el 23 de julio de 2015, de http://www.nbcnews.com/news/us-news/new-york-city-reaches-settlement-family-eric-garner-n391486.

[cxxiii] **Marcha en Nueva York contra el capitalismo de Wall Street y por el clima**. (2014). Moscú, Rusia.: *Russia Today (RT)*. Consultado el 3 de mayo de 2014, de http://actualida d.rt.com/actualidad/view/141059-marcha-nueva-york-capitalismo-wall-street.

[cxxiv] Mario Benedetti. (1990). **Hacia un estado de malestar**. Madrid, España: *El País*. Consultado el 12 de diciembre de 2012, de http://elpais.com/diario/1990/11/19/opinion/658969206_850215.html.

[cxxv] Vea el análisis del Dr. Thomas Piketty, economista francés, en: Luis Fernández-Galiano. **El desafío de la desigualdad**. (2014). Madrid, España: *El País*. Consultado el 30 de diciembre de 2014, de http://elpais.com/elpais/2014/04/24/opinion/1398353901_239412.html.

[cxxvi] Calderón-Rodríguez, J.M. (2008, Vol 1, No 1). **Capitalismo financiero y democracia: Modelos de distribución**. México D.F.: *Universidad Nacional Autónoma de México*. Consultado el 23 de julio de 2015, de http://www.revistas.unam.mx/index.php/ROF/article/view/23000.

[cxxvii] Eugenio Trías. (1990). **Volver a Marx**. Madrid, España: *El País*. Consultado el 30 de diciembre de 2013, de http://elpais.com/diario/1990/10/24/opinion/656722809_850215.html.

[cxxviii] José Carlos García Fajardo. (2002). **El supremo recurso a la rebelión**. Costa Rica, Latinoamérica: *Asociación de Profesores de Segunda Enseñanza*. Consultado el 22 de enero de 2015, de http://www.apse.or.cr/webapse/archivo/arc107.htm.

[cxxix] Mendoza, M.G. & Napoli, V. (1990). **Sociedad y cultura contemporánea**. Bogotá, Colombia. *Editorial Mcgraw-Hill*, pág.119 {ISBN: 958-600-103-2}.
[cxxx] Rossell, M.A. (2005). **La plutocracia mexicana**. México, Latinoamérica: *El Universal*. Consultado el 18 de agosto de 2015, de http://archivo.eluniversal.com.mx/editoriales/30058.html. También debe leer: Maeda, L. (2004). **La plutocracia, facción gobernante**. Durango, México: *El Siglo de Durango*. Consultado el 23 de noviembre de 2015, de http://www.elsiglodedurango.com.mx/noticia/55867.la-plutocracia-faccion-gobernante.html.
[cxxxi] Mario Benedetti. (1986). **El desacato o la desobediencia indebida**. Madrid, España: *El País*. Consultado el 29 de diciembre de 2014, de http://elpais.com/diario/1986/12/21/internacional/535503609_850215.html.
[cxxxii] Armando B. Ginés. **John Felipe, Carlitos y don Ignacio**. (2010). Madrid, España.: *Revista Rebelión*. Información consultada el 30 de diciembre de 2014, de http://www.rebelion.org/noticia.php?id=99952.
[cxxxiii] Según el Dr. Arthur Schopenhauer, un gran maestro de la filosofía, en: **El filósofo del pesimismo por Martín Prieto**. (2010). España, Unión Europea.: *La Razón Digital*. Consultado el 23 de marzo de 2014, de http://www.larazon.es/detalle_hemeroteca/noticias/LA_RAZON_341535/4729-el-filosofo-del-pesimismo-por-martin-prieto#Ttt1rOmHDmCaMHOh.
[cxxxiv] Vea el análisis del filósofo, físico y epistemólogo argentino Mario Bunge, en: Alejandro Rebossio. **Mario Bunge: El psicoanálisis y otras seudociencias son dañinos**. (2015). Madrid, España: *El País*. Consultado el 30 de julio de 2015, de http://cultura.elpais.com/cultura/2015/01/15/babelia/1421325878_600598.html.
[cxxxv] Vea las palabras de Elizabeth Warren, doctora en jurisprudencia por la Universidad Rutgers y profesora de la Universidad de Harvard, en: Marc Bassets. **La izquierda del partido demócrata desafía a Hillary Clinton**. (2014). Madrid, España: *El País*. Consultado el 30 de diciembre de 2014, de http://internacional.elpais.com/internacional/2014/12/29/actualidad/1419884381_954384.html.
[cxxxvi] Safranski, R. (2008). **Schopenhauer y los años salvajes de la filosofía**. Barcelona, España.: *Tusquets Editores*, pág.305.
[cxxxvii] Mario Benedetti. (1995). **Todos fuimos jóvenes**. Madrid, España.: *El País*. Consultado el 3 de mayo de 2014, de http://www.elpais.com/. También debe leer: Worstall, T. (2012). **Which Is More Corrupt? Wall Street Or Congress?** Nueva York, EE.UU.: *Forbes*. Información consultada el 12 de diciembre de 2014, de http://www.forbes.com/sites/timworstall/2012/06/26/which-is-more-corrupt-wall-street-or-congress/.
[cxxxviii] Vea las ideas del maestro Honoré de Balzac, en: Moreno, L.F. (2015). **Balzac, el novelista por excelencia**. Madrid, España: *El País*. Consultado el 30 de agosto de 2015, de http://cultura.elpais.com/cultura/2015/01/28/babelia/1422460371_861997.html. También debe leer: Doubleday, J. (2014). **Best-Selling Author Talks Wall Street Corruption**. The George Washington University, EE.UU.: *GW Today*. Consultado el 11 de noviembre de 2014, de https://gwtoday.gwu.edu/best-selling-author-talks-wall-street-corruption.
[cxxxix] Alexis Zarraga. **Un país al garete**. (2012). San Juan, Puerto Rico.: *El Vocero de Puerto Rico*. [Versión electrónica]. También debe leer: Debra Cassens Weiss. **Is it wrong—or a crime—to hire people because of elite connections?** (2013). Chicago, IL.: *American Bar Association Journal*. Información consultada el 20 de diciembre de 2013, de http://www.abajournal.com/. Doubleday, J. (2014). **Best-Selling Author Talks**

Wall Street Corruption. The George Washington University, EE.UU.: *GW Today*. Consultado el 11 de noviembre de 2014, de https://gwtoday.gwu.edu/best-selling-author-talks-wall-street-corruption.

[cxl]Eva Laureano. **Menos amiguismo y más evaluación para los fiscales**. (2015). San Juan, Puerto Rico.: *Noticel*. Información consultada el 29 de agosto de 2015, de http://www.noticel.com/noticia/171090/menos-amiguismo-y-mas-evaluacion-para-los-fiscales.html. También debe leer: Oscar J. Serrano. **Arrancan los "bautismos" en los tribunales y las fiscalías**. (2012). San Juan, Puerto Rico.: *Noticel*. Información consultada el 29 de diciembre de 2012, de http://www.noticel.com/.

[cxli]Eva Laureano. **Impugnan subastas de AVP por supuesto favoritismo político**. (2015). San Juan, Puerto Rico.: *Noticel*. Información consultada el 29 de agosto de 2015, de http://www.noticel.com/noticia/179010/impugnan-subastas-de-avp-por-supuesto-favoritismo-politico.html. También debe leer: Eva Laureano & Laura M. Quintero. **Recaudador popular creó compañías cerca de elecciones y rápido obtuvo contratos**. (2015). San Juan, Puerto Rico.: *Noticel*. Información consultada el 29 de junio de 2015, de http://www.noticel.com/noticia/171279/recaudador-popular-creo-companias-cerca-de-elecciones-y-rapido-obtuvo-contratos.html.

www.ingramcontent.com/pod-product-compliance
Lightning Source LLC
Chambersburg PA
CBHW030841180526
45163CB00004B/1407